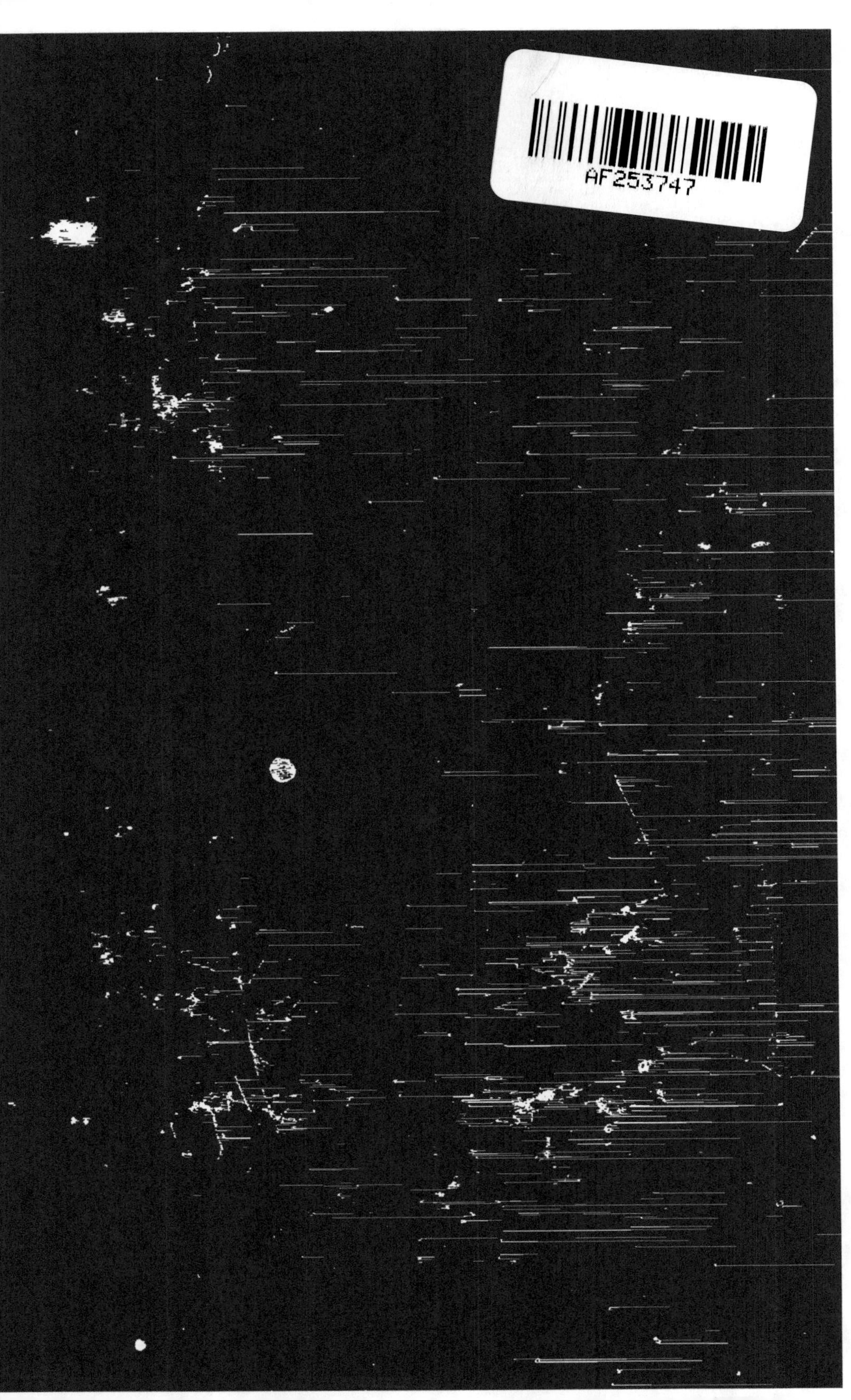

DE L'APPARITION

ET DE LA DISPERSION

DES BOHÉMIENS

EN EUROPE,

PAR

PAUL BATAILLARD.

PARIS,

TYPOGRAPHIE DE FIRMIN DIDOT FRÈRES,

IMPRIMEURS DE L'INSTITUT, RUE JACOB, 56.

1844.

quelle époque des Bohémiens avaient paru pour la première fois en certains lieux , mais il ne les a pas vus ni fait voir : j'espère qu'on les verra avec moi. Enfin Grellmann a connu les textes , mais il ne les a pas fait connaître : mon principal soin sera de les mettre en lumière. Ils étaient assez peu étendus pour me permettre cette méthode , et j'ai cru que c'était la meilleure.

Nos documents les plus nombreux et les plus importants se renferment dans l'espace compris entre 1417 et 1438 environ. Jusqu'ici on avait cru voir, dans les faits qu'ils révèlent , la véritable invasion des Bohémiens en Europe, invasion pacifique, bien entendu. Les apparences se prêtaient à cette interprétation , et moi-même je m'y suis laissé tromper longtemps. Ce n'est qu'en rapprochant ces documents, en les réunissant dans la mise en œuvre , que j'ai reconnu l'erreur ; je me suis convaincu alors que , pendant ces vingt années, une seule bande de quelques centaines de Bohémiens s'était promenée dans l'Europe occidentale.

J'étais amené ainsi à distinguer déjà deux époques dans le fait complexe de l'apparition et de la diffusion des Bohémiens dans cette partie de l'Europe.

Ce n'est pas tout. Les Bohémiens venaient du fond de l'Asie méridionale, comme je le démontrerai en traitant de leur origine ; mais leurs récits, le peu que l'on sait sur leur passage d'Asie en Europe, et jusqu'à la configuration géographique du sud-ouest de l'Asie, tout semble indiquer qu'avant d'arriver jusqu'à nous, ils s'étaient arrêtés plus ou moins longtemps du côté de l'Asie Mineure et de l'Égypte. Je venais d'en découvrir une nouvelle preuve, indirecte, mais concluante. En effet, si une population nombreuse , très-nombreuse , on le verra plus tard , avait abandonné son pays, et s'était mise à courir le monde, cela tenait sans doute à une cause énergique, générale ; cela ne pouvait pas tenir au caprice d'une multitude d'individus quittant le sol natal successivement et l'un après l'autre ; en un mot, l'émigration avait dû se faire par masse : chez nous cependant n'apparaissait d'abord qu'un petit nombre de ces émigrés ; il fallait donc que la masse eût trouvé quelque part un premier point de repos et d'arrêt ; et ce ne pouvait être qu'aux confins de l'Asie, de l'Afrique et de l'Europe. Maintenant, jusqu'où s'était étendue cette première occupation ? Était-elle restée concentrée au delà du Caucase et du Bosphore, ou avait-elle gagné rapidement, si ce n'est immédiatement, une partie de l'Europe orientale ? En d'autres termes, les Bohémiens n'étaient-ils pas connus et même établis dans l'Europe orientale, avant leur apparition dans l'Occident, c'est-à-dire, avant 1417? Telle est la principale question que je devais poser, sinon résoudre, au début de cet article. D'ailleurs, quelle qu'en puisse être tôt ou tard la solution, il faudra toujours consacrer une place spéciale aux recherches ayant pour objet l'arrivée et l'établissement des Bohémiens dans cette partie reculée de l'Europe.

Mon travail se trouve ainsi divisé en trois points correspondant à trois degrés, à trois phases croissantes du fait complexe que j'ai à exposer, c'est-à-dire aussi à trois époques ou périodes.

La première période comprend l'apparition et la dispersion des Bohémiens dans l'Europe orientale. Cette partie de mon travail n'est guère qu'un cadre vide, et j'en expliquerai tout à l'heure la raison.

La seconde phase de l'établissement des Bohémiens en Europe, c'est la reconnaissance poussée en Occident par quelques centaines de ces nomades. Ici, je suis au contraire aussi complet et aussi précis qu'il est, je crois, possible de l'être.

Enfin commence l'invasion véritable et générale des Bohémiens dans l'Europe occidentale et septentrionale, c'est-à-dire, leur établissement dans l'Europe entière. Ici, l'insuffisance des documents et la nature même des choses m'interdisent d'être complet. Heureusement quelques témoignages épars suffisent pour donner le sens général des faits qui s'accomplissent pendant cette période.

Après ces explications, on voit déjà qu'il ne s'agit pas ici de l'origine des Bohémiens. Cette mystérieuse question a des racines naturelles et nécessaires dans la partie du sujet que je traite aujourd'hui ; j'espère avoir à le montrer plus tard aux lecteurs de ce recueil. Mais en elle-même, c'est plutôt une question d'ethnographie et de philologie qu'une question proprement historique : on ne peut pas la traiter par les documents ; elle doit l'être par la méthode des rapprochements et par la voie des théories : je la réserve donc pour un travail spécial. Je prends ici les Bohémiens à leur apparition en Europe, c'est-à-dire à leur entrée dans l'histoire certaine, et je m'en tiens là. Je laisse même dans l'ombre, comme je l'ai indiqué, une phase déjà complexe du fait multiple qui nous intéresse : je veux parler de l'arrivée et du premier établissement des Bohémiens dans les contrées qui avoisinent la mer Noire, non-seulement au delà du Bosphore, ce qui sort de nos limites, mais en deçà même de ce détroit. Cet endroit du sujet est le point délicat où se touchent le connu et l'inconnu, l'histoire et la théorie. En tant qu'historique, cette première partie demande des recherches toutes spéciales que je n'ai pas encore terminées ; et, en tant que théorique, elle se rattache à un ensemble considérable d'observations que je ne veux pas faire intervenir ici. Sur ce point donc je ne fais qu'établir l'état de la question, sans la vider ; c'est à cette condition seulement que le présent travail gardera l'unité et le caractère purement historique que j'ai voulu lui donner.

Ainsi, la seule partie approfondie et détaillée de mon travail est la seconde, et c'est la seule qui pouvait l'être. La période qui y est traitée est, à la vérité, assez courte, et, à plusieurs égards, la moins importante de beaucoup ; ce n'est qu'une période de transition. Deux raisons cependant m'ont déterminé à lui donner une grande place : d'abord l'intérêt intrinsèque des documents qu'elle renferme, et puis la nécessité de démontrer, par une attentive confrontation des textes, la légitimité des conclusions auxquelles je suis arrivé, et qui contribuent à l'intelligence de la phase qui précède et de celle qui suit. En vérité, de ce point intermédiaire et culminant, on aperçoit bien l'ensemble de tous les faits.

En terminant ces observations, je me recommande à la bienveillance de ceux qui, mieux placés que moi, trouveraient, dans des pays lointains ou proches, des documents qui me sont inconnus ; ils ne peuvent pas douter de la reconnaissance avec laquelle je recevrais leurs communications sur cette partie de mon sujet, ou sur toute autre.

Première période.

Les premiers pays d'Europe où se montrèrent les Bohémiens sont des pays lointains, que leur langue et leur civilisation séparent de notre monde occidental (1). Il ne faut donc pas trop s'étonner de l'obscurité qui enveloppe cet événement. Ce que l'on peut affirmer du moins, c'est que la région par laquelle les Bohémiens entrèrent en Europe est celle qui touche à la mer

______

(1) La Valaquie et la Moldavie font exception à quelques égards.

Noire (1). Il paraîtrait même, chose remarquable, que c'est dans les pays situés à l'ouest de la mer Noire, à savoir, dans la Turquie, la Valaquie, la Moldavie et la Hongrie orientale, qu'ils affluèrent d'abord.

L'apparition préalable des Bohémiens dans le sud-est de l'Eu-

(1) « Anno 1417°, quædam extranea et prævie non visa, vagabundaque multitudo hominum *de orientalibus partibus* venit in Alemaniam, perambulans totam illam plagam usque ad regiones maritimas... Secanos se nuncupantes. » Herm. Cornerii *Chronica*, dans le *Corpus hist. medii ævi* d'Eccard, tom. II, p. 1225. Corner était contemporain. — « Eadem tempestate (1438) ferocissimum illud genus hominum, colluvies atque sentina variarum gentium quæ in confinio imperii Turcarum atque Hungariæ habitant (Zigenos appellamus), rege Zindelone, nostras peragrare cœpere regiones. » Aventin, *Annales Boïorum*. Ingolst. 1554, in-fol., pag. 826.—Æneas Silvius Piccolomini (Pie II), qui écrivait au milieu du quinzième siècle, fait venir les Bohémiens de la *Zigorum terra* (qu'Ortélius appelle *Zogoria*), région située vers le Caucase. Voyez Æneæ Sylvii *Opera geog. et hist.*, publiés par Corber et Schmid. Franc. et Leipz., 1707, in-4°, t. I, p. 51. Ce que je dis de la valeur du passage suivant s'applique à peu près à celui d'Æneas.—« Nubiani... ante hos CLX, plus minus, annos, a Sultano Ægypti sedibus suis pulsi, Palestinam, Syriam et Asiam Minorem, mendicorum specie, pervagantes, trajecto Hellesponto, Thraciam et circum Danubias regiones incredibili multitudine inundarunt. » Notes manuscrites de Joseph Scaliger, mises en œuvre par l'auteur anonyme du *de Litteris et lingua Getarum sive Goth. editore Bonav. Vulcanio Burgensi*, Leyde, 1597, pet. in-8°, pag. 100-101. Voyez aussi les observations critiques de Ludolf (*Ad suam historiam Æthiop. Commentarius*, 1691, p. 214) sur ce passage. Nous sortons ici des documents originaux; mais il n'est pas probable que Scaliger et celui qui a profité de ses notes aient affirmé ce qui précède sans posséder quelques commencements de preuves à l'appui. Si donc ce passage contient des erreurs graves, comme je le crois et comme j'aurai plus tard l'occasion de l'examiner, je pense, toutefois, que, pris dans son sens général, il n'est pas ici sans quelque valeur.— Joseph Scaliger, le plus grand philologue et le plus fort chronologiste de son temps, était né à Agen en 1540, et mourut en 1609. Ne sachant pas à quel moment de sa vie il écrivait les notes dont nous venons de reproduire un passage, nous ne pouvons fixer exactement l'époque à laquelle il estime que les faits en question doivent se rapporter. Pour que l'auteur les plaçât en 1417 seulement, il faudrait supposer qu'il les écrivit vers 1577, c'est-à-dire, à l'âge de vingt-sept ans. Il me semble probable que ces notes sont postérieures; mais Scaliger n'a pas la prétention de donner une date précise : il y a cent soixante ans *environ*, dit-il. Ce qui peut étonner et mettre en défiance, c'est cette indécision de la date, jointe à la précision des faits avancés. Ce passage n'est pas le seul où l'on remarque une pareille discordance; nous verrons tout à l'heure celui de M. Borrow.—Ajoutons à ces autorités, celle de Sulzer, que je cite d'après Grellmann (pag. 206), n'ayant pas pu trouver l'ouvrage lui-même : « Je suis d'opinion, dit-il, que c'est dans la Dace qu'ils ont paru d'abord; et c'est probablement par la Dace transalpine qu'ils ont pénétré en Europe, soit qu'ils fussent venus de la Perse, de l'Asie Mineure ou de l'Égypte. » Sulzer, *Beschreibung des Transalp. Daciens*, t. II, p. 143. Je n'ai pas besoin de rappeler que l'ancienne Dacie transalpine comprend la Valaquie, la Moldavie et la Bessarabie.

rope ne nous est attestée jusqu'à présent, je le reconnais, que par des chroniqueurs et des historiens étrangers à cette région, si l'on en excepte Pray (1) qui était Hongrois, mais qui écrivait au dix-huitième siècle. Leur témoignage toutefois est, sur ce point, irrécusable. On peut dire, et la forme même de leurs assertions le prouve, que le fait relaté par eux est de notoriété historique. La critique n'a fait que le confirmer. Il a été admis et répété par tous les historiens du nord et du centre de l'Europe, qui ont touché cette question avec quelque connaissance de cause. On pourrait en citer qui veulent faire remonter l'origine et la dispersion des Bohémiens à une époque de beaucoup antérieure à tous les documents historiques qui les concernent(2); il en est même qui prétendent au contraire retarder cet événement d'un siècle (3) : mais les uns et les autres n'en reconnaissent pas moins que les Bohémiens sont entrés en Europe par les pays qui avoisinent la mer Noire.

J'ajouterai, ce qu'on verra dans la suite, que le souvenir de la Hongrie et des pays orientaux se mêle continuellement aux récits plus ou moins fabuleux que les Bohémiens eux-mêmes firent touchant leur origine. Bien plus, je suis disposé à reconnaître que ces récits ont été pour beaucoup dans les assertions des auteurs les plus anciens que j'ai invoqués tout à l'heure. Mais si l'on est en droit de penser que les Bohémiens devaient connaître certains pays dont ils n'ont guère parlé, on ne peut pas supposer qu'ils ne connaissaient point les pays dont ils ont parlé le plus.

Enfin, une dernière observation qui n'est pas sans valeur,

(1) « Mihi verisimile sit ex Asia Minore (Zingaros) ad nos venisse... Certe primum omnium, in Moldavia, Valachia ac Hungaria circiter annum 1417 visi sunt, isthincque in alias Europæ ditiones propagati. » Geor. Pray, *Annales Reg. Hungariæ*, pars IV, p. 273, not. u.

(2) Tels sont Griselini (*Geschichte des Temeswarer Banats*, Wien, 1780, tom. 1, *passim*, et surtout p. 212); Peyssonnel (*Observations..... sur les peuples..... du Danube et du Pont-Euxin*, Paris, 1765, in-4°, p. 109); tels sont surtout le docteur Godefroy Hasse (*Les Bohémiens dans Hérodote*, etc. (en allem.), Kœnigsberg, 1803) et ses adhérents.

(3) Par exemple, Blakstone et quelques savants anglais, qui pensent que c'est seulement quand l'Égypte fut conquise par Sélim, en 1517, que les ancêtres des Égyptiens aujourd'hui errants commencèrent leurs pérégrinations à travers l'Europe. Blakstone, à défaut de documents tout à fait originaux, connaissait cependant les passages de Munster et de Speelmann; mais il ne s'embarrasse pas de si peu : selon lui, les dates contenues dans ces passages sont des fautes d'impression.

c'est que l'Europe orientale est encore aujourd'hui le centre de la grande caste bohémienne ; elle peuple surtout la Moldavie, la Valaquie, la Bulgarie, la Bessarabie, la Transylvanie et le banat de Temeswar. Les Bohémiens sont là par centaines de mille. Ils sont aussi très-nombreux dans la Turquie.

Après avoir établi que les Bohémiens sont arrivés en Europe par les pays qui touchent à la mer Noire, il s'agirait de dire à quelle époque précise ils s'y montrèrent pour la première fois, de déterminer les points de la frontière européenne par lesquels ils entrèrent simultanément ou successivement, de représenter leur établissement, lent ou rapide, insensible ou tumultueux, dans cette contrée ; enfin il faudrait tâcher d'y suivre encore leurs mouvements, alors même que la diffusion de cette race s'opérait dans l'Europe entière.

Malheureusement ces questions se présentent enveloppées de presque autant de mystère que la question même d'origine. Je ne chercherai donc pas à les approfondir ici. Je me bornerai à faire connaître le terrain de la discussion, en tâchant de l'aplanir ; je ferai table rase, s'il le faut.

Les Bohémiens existaient-ils dans l'Europe orientale à une époque notablement antérieure à leur apparition dans l'Occident en 1417 ? Telle est la question capitale. J'examinerai d'abord les raisons qui semblent devoir conduire à l'affirmative ou qui ont été produites dans ce sens.

On peut regarder comme certain, je l'ai déjà dit, que les Bohémiens s'étaient égarés assez longtemps dans la région de l'Asie Mineure et de l'Égypte. Or il n'est guère présumable que, durant ce séjour de tant de nomades sur les confins de l'Europe orientale, aucun d'eux ne se soit aventuré dans cette contrée nouvelle. Ce n'est là qu'une présomption en faveur de l'hypothèse que je considère ; mais elle mérite qu'on en tienne compte.

J'ajouterai que j'ai appris récemment qu'un Français, résidant en Valaquie (1), annonçait avoir découvert des preuves de l'existence des Bohémiens dans ce pays et dans ceux qui l'avoisinent, à une époque antérieure d'un siècle ou deux à 1417. Ces preuves verront sans doute bientôt le jour. J'espère qu'elles seront plus concluantes que celles qui me restent à examiner.

____

(1) M. Vaillant, qui habite transitoirement Paris dans ce moment, mais qui depuis douze ans est établi à Bukarest, où il a contribué à la réorganisation du collége des nobles, et qui, pendant cette longue résidence dans la capitale de la Valaquie, a vi-

On a prétendu trouver dans une chronique bohême la trace de l'existence des Bohémiens dans la Hongrie ou dans le voisinage, au milieu du treizième siècle (1). Prémislas III, plus connu sous le nom de Prémislas Ottocare II, roi de Bohême, après avoir battu, le 13 juillet 1260, sur les bords de la Morawa, Béla IV, roi de Hongrie, et son fils Étienne, écrivit au pape Alexandre IV une lettre à ce sujet. Dans cette lettre sont énumérés les peuples et les peuplades qui servaient comme auxiliaires dans l'armée ennemie; et, si l'on s'en rapportait au texte de cette lettre tel qu'il est donné par le chroniqueur anonyme de Bohême, publié dans les *Reliquiæ manuscriptorum* de J. P. Ludewig (2), parmi ces auxiliaires figureraient des *Gingari*, c'est-à-dire, suivant toute apparence, des *Cingari*, des Bohémiens. Mais George Pray (3), qui raconte la guerre des Hongrois et des Bohêmes avec beaucoup plus de détails, a donné aussi la lettre de Prémislas, et ici, à la place de *Gingarorum*, je trouve *Bulgarorum*. Or, la leçon du chroniqueur anonyme est généralement détestable, comme il est facile de s'en convaincre, en comparant les deux textes de notre pièce. Je suis donc autorisé à penser qu'il a mal lu en cet endroit ainsi qu'en beaucoup d'autres, et je crois que l'on peut rayer sans scrupule le mot *Gingarorum*.

Il existe aussi un document d'où quelques auteurs ont voulu tirer la preuve que les Bohémiens étaient déjà en Pologne vers la même époque. Dans une charte de 1256, émanée de Boleslas V, dit le Chaste, roi de Pologne, se trouve la phrase suivante : « .... *et advenæ qui vulgariter* SZALASSII *vocantur, à servitute*

sité aussi les pays voisins, la Moldavie, la Bulgarie, etc. Là, M. Vaillant, entouré de Bohémiens, a appris leur langue, étudié leur état social et trouvé à leur endroit quelques documents historiques, qui, je l'espère, seront bientôt connus (*).

(1) Voyez *la Hongrie et la Valachie*, par M. Édouard Thouvenel. Paris, A. Bertrand, 1840, 1 vol. in-8°, p. 234-235.

(2) Francof. et Lipsiæ, 1720-1740, 12 vol. in-8°. — Voy. tom. XI, p. 300-303.

(3) *Annal. regum Hungariæ, ab an. Ch.* 997 *ad an.* 1564, Vindobonæ, 1744, in-folio (volume qui, bien qu'il ne soit pas numéroté, forme le deuxième des cinq volumes des *Annales de Hongrie* dus à Pray), pag. 305-309.

(*) Ceci était déjà imprimé pour la *Bibliothèque de l'École des Chartes* (livr. de mai-juin), quand M. Vaillant a fait paraître dans la *Revue de l'Orient* (cahier de juin) un article sur les Bohémiens. Le document principal qu'il invoque en faveur de son opinion, le seul direct et précis (voy. sa pag. 137), est le texte de Ludewig, qui mérite peu de confiance, comme je l'ai montré ci-après.

exactionis custodiæ..... sint in perpetuum absoluti (1). » Le nom de *Szalassii* provient évidemment du mot polonais *szalasz* (pron. *chalache*), qui veut dire *tente;* et les Bohémiens étant une race nomade qui vit volontiers sous des tentes, on a cru les reconnaître à travers cette dénomination. Mais, comme ils ne sont ainsi désignés nulle part, et que dans les textes polonais on les appelle toujours *Cygani* ou *Philistœi*, comme d'ailleurs il n'est pas fait mention d'eux dans les titres polonais avant 1501, cette interprétation est peu plausible. Le savant professeur Danilowicz examine le cas que l'on doit en faire, dans une brochure sur *les Cygans*, publiée à Wilna, vers 1820 ou 1825 (en polonais), brochure que je ne connais encore qu'à travers les souvenirs d'un de ses nobles et malheureux compatriotes (2) ; et, pour conclusion, il hésite entre deux hypothèses : il croit que la phrase en question se rapporte à des débris tatars, ou que la charte elle-même est fausse. Quoi qu'il en soit, un pareil document me paraît insuffisant pour prouver un fait si nouveau. Dans mes prévisions, la présence des Bohémiens sur les bords de la mer Noire dès cette époque est déjà fort douteuse ; à plus forte raison suis-je peu disposé à admettre qu'ils étaient dès lors en Pologne à l'état de serfs ou de colons. Je regarde comme certain, au contraire, qu'ils ne se répandirent dans ce pays que très-tard (3).

Quant au passage de la *Dissertatio de usu et præstantia studii etymol. in historia*, où J. G. Eccard avance que la Pologne fut le premier asile des Bohémiens (4), je n'ai pas même à le réfuter. Je remarquerai seulement qu'Eccard ne commet qu'une légère erreur en citant Munster comme autorité sur ce point : Munster, à la vérité, ne dit rien de pareil ; mais Eccard avait dû voir cette opinion exprimée quelque part, car l'ancienneté de la race bohémienne en Pologne était un préjugé historique assez

(1) Voyez Samuelis Nakielski *Miechovia, sive promptuarium antiquitatum monasterii Michoviensis,* Cracoviæ, 1634, in-f°, pag. 176.—Voyez aussi Czacki, cité plus bas, qui, devant cette phrase, n'ose pas affirmer que les Bohémiens ne fussent pas connus en Pologne au treizième siècle.

(2) M. Louis Jastrzębski, homme aussi modeste que savant, auquel je dois l'indication, et même la connaissance de documents et d'ouvrages divers, surtout de documents et d'ouvrages polonais.

(3) Voyez la troisième période.

(4) Je cite d'après Grell., pag. 205, n'ayant pu trouver cet ouvrage dans aucune bibliothèque publique de Paris.

répandu dans ce pays. Ce n'est pas seulement sur la charte de Boleslas que cette erreur s'est appuyée. A la fin même du dix-huitième siècle, l'évêque Naruszewicz (1), l'un des poëtes et des érudits les plus éminents de la Pologne, avançait que les Cygani descendent des Iadzwingues, autrement appelés *Jacygami* (2).

Je passe à l'examen de cette opinion très-accréditée que les Bohémiens n'arrivèrent dans l'Europe orientale que l'année même où ils apparurent dans l'Occident, c'est-à-dire, en 1417. Les auteurs les plus graves ont résolu la question dans ce sens. C'est le cas même de plusieurs des autorités que j'ai invoquées tout à l'heure, pour prouver que les Bohémiens étaient entrés en Europe par l'orient. Si l'on me demande pourquoi j'adopte un côté de ces témoignages en remettant l'autre en question, je répondrai qu'il était bien différent de savoir que les

---

(1) Voyez Naruszewicz, cité par Tade Czacki, *O Litewskich i Polskich Prawach*, etc. (*la Législation lithuanienne et polonaise*), Varsovie, 1800, 2 vol. in-4°, tome Ier, not. 1116, page 237.—Si j'en juge, au surplus, par tout ce passage de Czacki (p. 237-239), les idées étaient encore bien peu nettes en Pologne au commencement de ce siècle, sur ce qui touche l'origine des Bohémiens, et même leur arrivée en Europe. Les textes les plus importants n'étaient pas connus, et les autres l'étaient mal. Dans Czacki, le passage de Krantz et celui du *de Litteris et lingua Getarum* sont défigurés ; la date de 1417 donnée par Krantz est remplacée par 1438, et ce que Scaliger dit des gueux est appliqué aux Bohémiens. Enfin Czacki, trompé par le double nom de l'auteur des *Annales Boiorum* (Turmeyer et Aventin), cite deux fois cet ouvrage sur le même point, croyant citer deux ouvrages différents. Il est vrai que le sujet n'est traité qu'accidentellement dans l'ouvrage de Czacki.

(2) « Les Iazyges, les plus fameux d'entre ces nomades (les nations sarmatiques), se montrent d'abord au nord-est des Palus-Méotides ; ils envahissent les régions entre le Borysthène et le Danube, se répandent le long des monts Carpathes, descendent dans les plaines de la Hongrie orientale sous le nom de *Iazyges-Metanastæ* (*metanastæ*, c'est-à-dire, qui ont changé de demeure), et pénètrent au nord jusque dans la Poldaquie, où ils existaient encore au douzième siècle, sous le nom de Iaczwinges. » Malte-Brun, éd. de 1836, tome Ier, page 352. — Voyez aussi tome VI, page 666, sur la Iazygie actuelle et ses habitants. Notre géographe ne regarde pas comme prouvé que les Iasz descendent des *Iazyges-Metanastæ* ; il ajoute que les chancelleries ont aussi traduit le nom de ce peuple moderne par *Balistarii*, et que quelques auteurs hongrois en ont fait celui de *Philistæi*. Cette circonstance n'a pas peu contribué sans doute à la confusion des Iazyges et des Bohémiens, qu'on appelle aussi *Philistæi* en Pologne.—Je pourrais ajouter que Czacki et Malte-Brun ne sont pas du tout d'accord sur les points que je viens de toucher. Czacki repousse l'opinion de Naruszewicz, qui fait descendre les Bohémiens des Iadzwingues ; mais il prétend qu'ils eurent pour ancêtres les *Metanastæ*, qu'il distingue ainsi profondément des Iadzwingues, tandis que Malte-Brun les identifie. Ayant de bonnes raisons pour croire que les Bohémiens ne descendent pas plus des uns que des autres, nous passerons outre.

Bohémiens qui arrivèrent dans l'Occident venaient de l'Europe orientale, et de savoir depuis quand ils étaient dans cette région, ce qu'ils y faisaient, etc. Le premier fait ne pouvait manquer de devenir notoire; il pouvait être constaté au centre même de l'Europe, tout comme dans l'Orient. Il n'en était pas de même du second : ici l'erreur devait se faire jour facilement ; il suffisait qu'il n'existât point de documents très-connus, propres à la prévenir ou à la rectifier. De fait, il n'en existait point. Aussi bien, parmi les auteurs mêmes que j'ai cités, ceux qui veulent donner des détails sont en désaccord : le seul point sur lequel ils soient unanimes, c'est que les Bohémiens venaient de l'Orient.

Les premiers Bohémiens qui parurent dans l'Europe occidentale s'y montrèrent vers 1417. Voilà ce qui était attesté par quelques documents très-connus. Les auteurs qui s'emparèrent de ces documents crurent qu'ils se rapportaient à une invasion générale de ces nomades ; ils généralisèrent donc aussi la date de leur apparition ; ils l'appliquèrent à l'Allemagne entière, à l'Orient, d'où ils savaient que ces gens étaient venus, quelques-uns même à toute l'Europe.

Grellmann n'a pas été jusque-là, car il connaissait mieux les textes; mais, tout en constatant qu'à partir de 1417, l'apparition des Bohémiens, dans les divers pays d'Europe, eut lieu successivement, raisonnant cependant comme les autres historiens sur ce qui lui était inconnu, il a étendu la date de 1417 à leur arrivée dans l'Europe orientale (1).

A l'appui de cette opinion, Grellmann a fait, en outre, une observation qui n'a aucune valeur, et qu'il importe de détruire, parce qu'elle a été regardée comme très-concluante par quelques écrivains récents (2).

Après avoir reconnu et posé en principe qu'il y aurait en général de l'imprudence à se fier aux dires et aux récits des Bohémiens sur tous les points où l'on peut croire en jeu leur intérêt ou leur ignorance et leur fantaisie, Grellmann remarque pourtant que la date de leur arrivée en Europe est un fait qu'ils devaient savoir, et sur lequel ils ne devaient pas être intéressés à tromper ; que, par conséquent, leur témoignage à cet égard,

---

(1) Voyez Grellmann, pag. 208-210.

(2). Entre autres, M. Édouard de Laplane, dans une *Histoire de Sisteron*, dont le premier volume a paru à Digne l'année dernière, in-8°, p. 260.

s'il venait à concourir avec le témoignage de l'histoire, produi-
rait une certitude à peu près parfaite. Ceci n'est déjà pas très-
juste, car les Bohémiens avaient réellement intérêt, en disant
qu'ils accomplissaient un pèlerinage dans le monde, à faire commencer ce pèlerinage le plus tard possible ; et c'est ce qu'ils ont
fait. Mais poursuivons : Grellmann cite alors un passage de la
Chronica di Bologna, publiée par Muratori, dans lequel le chroniqueur raconte, que les premiers Égyptiens ou Zingari qui arrivèrent à Bologne en 1422, dirent qu'ils erraient par le monde
depuis cinq ans : ce qui donne bien le chiffre de 1417. Mais,
d'abord, il y a dans le texte cité un mot fâcheux, c'est le mot *pel
mondo* : en effet, le monde et l'Europe ne sont pas du tout la
même chose, et Grellmann lui-même n'eût pas osé dire que les
Bohémiens n'avaient quitté leur pays qu'en 1417. Voici une autre
remarque encore plus concluante, et qui empêchera quelques-
uns de nos adversaires sur la question d'origine, de retourner ce
texte contre nous. Au témoignage du Bourgeois de Paris (1),
les Bohémiens qui arrivèrent à Paris en 1427, c'est-à-dire,
cinq ans après qu'ils avaient dit la même chose à Bologne,
racontaient « que furent avant cinq ans par le monde qu'ils
venissent à Paris. » Donc les Bohémiens mentaient à Paris
et à Bologne, et leurs dires ne prouvent rien touchant l'é-
poque de leur départ de leur pays, ni touchant celle de leur
arrivée dans l'Europe orientale. Ces deux mensonges toutefois
ont pour nous une grande valeur, que Grellmann n'a pas soup-
çonnée : nous le verrons plus loin.

Pray, qui n'avait pas trouvé de documents en Orient, et qui,
avant Grellmann, avait déjà procédé comme lui, fut regardé par
celui-ci et par tous ceux qui le connurent comme une grande
autorité, parce qu'il était Hongrois. Mais Pray lui-même n'est
pas si affirmatif ; il entrevoit que les Bohémiens avaient bien pu
faire une halte en Moldavie, en Valaquie et en Hongrie, avant
de se montrer dans l'Occident (2). Pray d'ailleurs ne touche ce
sujet qu'en passant.

Ce qui précède n'a pas pour but de rien préjuger sur le fond
du débat. Je ne me crois pas encore en droit d'affirmer que
Pray, Grellmann et autres se sont trompés. J'ai voulu montrer

<hr>

(1) Édit. Buchon, t. XL de la collection, p. 368.
(2) *Circiter annum* 1417, dit-il. Voyez le passage cité plus haut.

seulement qu'ils n'avaient pas eu de raison suffisante pour se prononcer, qu'il ne faut pas s'en tenir à leur jugement, et qu'il y a lieu de chercher encore.

En somme, tout ce qui reste en faveur de l'opinion que je viens d'examiner, c'est un passage dont je n'ai pas encore parlé, passage très-précis, trop précis, à mon sens. Voici ce que dit M. Borrow dans un ouvrage récent, le plus attachant et le plus agréable à lire qui ait jamais été écrit sur les Bohémiens (1) : « Les premiers Gypsies, au nombre de trois mille (2), se montrèrent, vers l'année 1417, sous le règne de Sigismond, et se fixèrent en Moldavie, près de Szuesava, avec la permission d'Alexandre, vayvode de cette province (3). Pendant les années suivantes, il survint de nouveaux aventuriers de cette race, faisant des incursions en Valaquie, en Transylvanie et en Hongrie. Une troupe, en particulier, guidée par son chef ou vayvode Laszlao (Ladislas), se fixa à Zips (Scepusium), et obtint du roi Sigismond, en 1423, un diplôme qui l'autorisait à demeurer près des villes libres et royales (*libera regiaque urbs*, en Hongrie, est considérée comme le *peculium regis*, le domaine du roi), privilége qui plaçait ces aventuriers sous la protection immédiate du monarque, etc. (4). » Voilà un renseignement plus net et plus détaillé que tous ceux que j'ai fait connaître jusqu'à présent. Malheureusement M. Borrow, qui est plutôt un voyageur instruit et un missionnaire artiste qu'un scrupuleux érudit, a négligé d'indiquer ses sources ; et dans ce passage, comme dans celui de Scaliger (5), l'indécision de la date principale, comparée à la précision du reste, n'est pas sans m'inspirer quelque étonnement et quelque défiance. Je ne prétends certainement point que M. Borrow ait inventé ceci, mais je crains qu'il ait usé un peu trop librement des documents curieux qu'il paraît avoir eus entre les mains ; je crains que le fait raconté par lui n'ait pas la portée qu'il lui donne, que, par

(1) *The Zincali , or an account of the Gypsies of Spain.* London , 1841 , in-8°, 2 vol. — La *Revue britannique* a fait connaître une grande partie du premier volume de cet ouvrage, par des extraits publiés dans les numéros de juin, juillet et septembre 1841. Je me suis souvent servi de cette traduction partielle.

(2) Et non pas *huit mille* , comme a traduit l'auteur des extraits publiés dans la *Revue britannique.*

(3) Alexandre Ier , woïwode de Moldavie, de 1401 à 1432.

(4) Borrow, *the Zincali*, tome Ier , p. 14-15.

(5) Voyez note 2 de la première période.

exemple, si la date en est exacte, ce ne soit qu'un fait de détail postérieur à l'apparition des Bohémiens dans le sud-est de l'Europe. Si intéressant qu'il soit, je ne puis donc accueillir son témoignage qu'à titre de renseignement.

Mon but étant ici de faire connaître toutes les faces de la question, je remarquerai que le véritable établissement des Bohémiens dans le sud-est de l'Europe pourrait à la rigueur avoir eu lieu, non pas seulement en 1417, mais postérieurement à cette date. Il n'est pas tout à fait impossible, en effet, que la bande de Bohémiens qui parcourut l'Occident de 1417 à 1438 environ, se soit trouvée alors complétement seule en Europe, et que le passage du Caucase ou plutôt du Bosphore, par la masse principale du peuple errant, n'ait eu lieu qu'à la fin de cette période, c'est-à-dire, vers le temps où la véritable invasion commença dans l'Occident (1). Cette hypothèse n'est guère, du reste, que l'application rigoureuse de la précédente aux nouvelles notions que nous avons sur l'arrivée des Bohémiens dans l'Europe occidentale.

J'ai montré que, des deux ou trois hypothèses qui se présentent touchant l'époque de l'apparition des Bohémiens dans le sud-est de l'Europe, aucune n'est encore appuyée sur des preuves suffisantes. J'ai laissé entrevoir quelques présomptions favorables à la première. Toutefois, avant d'accorder une trop grande valeur à ces présomptions, il faudra tenir compte des obstacles topographiques et politiques que les Bohémiens avaient à surmonter pour passer de l'Asie Mineure en Europe ; il faudra aussi, à défaut de documents positifs, chercher dans l'histoire de l'Orient et jusque dans les anciens récits et les traditions subsistantes des Bohémiens, si, postérieurement même à 1417, quelques circonstances graves, comme certains bouleversements de l'empire, comme les persécutions (2), ou même comme l'intervention bienveillante d'un prince puissant, n'auraient pas pu occasionner ou faciliter subitement ce passage en nombre notable, à une époque donnée.

(1) La date probable du passage de Scaliger cité plus haut se concilierait assez bien avec cette supposition.

(2) Un historien arabe, cité par M. Borrow (t. I, p. 30-33, ou *Revue brit.*, n° de juin 1842), raconte une extermination de Zingari à Samarcande par Timour Leng ; ce fait serait antérieur à l'invasion de l'Inde par le grand conquérant. Je me contente d'indiquer ce document ; je n'ai pas à examiner ici le degré de foi qu'il mérite.

Voici, par exemple, ce que m'a rapporté un homme bien placé pour surprendre les secrets des Bohémiens, et que j'avais chargé de les interroger dans un de leurs lieux de passage, au centre de la France. « Ils sont, disent-ils, originaires de l'É-gypte, et le premier pays qu'ils ont habité en Europe est la Hongrie. Leur passage en Europe eut lieu dans le temps que l'empereur d'Autriche (d'Allemagne sans doute) était en guerre avec le grand sultan. La Hongrie avait été complétement rava-gée et dépeuplée par cette guerre, dont les environs de Belgrade furent particulièrement le théâtre ; et l'empereur, après la paix faite, les fit venir d'Égypte pour repeupler ce pays. Mais, n'ai-mant pas le travail, ils se mirent à courir le monde. » Il paraît cependant qu'ils n'étaient pas positivement Égyptiens ; car les mêmes qui racontaient cela faisaient encore un autre récit : « La tradition est, parmi eux, que lorsqu'ils fuyaient de l'Égypte, poursuivis par les *Égyptiens, leurs ennemis,* beaucoup d'entre eux se noyèrent dans la rivière de Lâo (?) ; les autres ne se sau-vèrent qu'à l'aide d'un pont ou d'une chaîne de roseaux qu'ils établirent. Ils considèrent depuis le roseau comme un symbole de libération, et les narrateurs eux-mêmes en portaient un frag-ment sur la poitrine en manière d'amulette. » Je livre cette tra-dition sans commentaire, ne voulant pas entrer aujourd'hui dans l'examen comparé de toutes celles qui ont été recueillies. Je l'ai citée entre plusieurs autres, parce que c'est assurément l'une des plus curieuses.

Quelle que soit la solution du problème qui nous occupe, et en supposant même que la question plus approfondie reste dans les termes vagues où nous venons de la laisser, il sera indispen-sable de démontrer que les Bohémiens qui devaient habiter le sud-ouest de l'Asie, qui habitaient peut-être le sud-est de l'Eu-rope, depuis quelque temps, lorsqu'ils parurent en Occident, ne pouvaient pas cependant avoir habité là toujours, ou du moins pendant de longs siècles, comme ont voulu l'établir quelques au-teurs, Godefroi Hasse entre autres. Mais, c'est lorsque nous exa-minerons les principaux systèmes auxquels a donné lieu la ques-tion de l'origine des Bohémiens, que se présentera pour nous la véritable occasion de réfuter cette opinion.

En terminant, je dois recueillir quelques indices assez vagues qui donnent à penser que les Bohémiens se répandirent, dès les premiers temps, dans les grandes îles de la Méditerranée orientale. Un Allemand du seizième siècle, Sébastien Franck, fait venir les Tsiganes en partie de la Lombardie, en partie de la Crète ou île de Candie (1); et, quelque pauvre que soit cette opinion, en ce qui regarde la question d'origine, elle semble indiquer, de la part de celui qui l'a émise, la connaissance que plusieurs des premiers Tsiganes qui parurent en Allemagne avaient déjà visité ces deux pays, ou au moins qu'un certain nombre de Tsiganes les avaient habités de bonne heure. A quel propos, en effet, Franck aurait-il choisi, pour en faire sortir les Bohémiens, deux petites contrées ainsi éloignées l'une de l'autre, et sans rapport entre elles, s'il n'avait été instruit de quelque particularité qui pût servir de prétexte à son hypothèse? — Nous ne savons rien de plus précis touchant l'arrivée des Bohémiens dans l'île de Chypre; mais nous les y trouvons établis depuis longtemps au milieu du seizième siècle (2).

Deuxième période.

Malgré deux petits textes qui auraient pu induire les historiens en erreur (3), l'opinion qui a prévalu touchant l'appari-

---

(1) Voy. *Proverbes, fables et contes de l'Allemagne*, publiés par l'anabaptiste Séb. Franck (en allem.). Francfort, 1831, in-8°. — N° cii, p. 81. — La première édition de cet ouvrage date de 1541.

(2) « Les Cinquanes sont peuples d'Egypte, dicts autrement Agariens, qui sont toutefois chrestiens, larrons de leur nature et trop superstitieux, addonez à la nigromancie chiromance, et qui se meslent de l'art de deviner, lesquels les Italiens appellent Cinquanes. Iceux couroient tout autour de l'isle, sans avoir domicile certain, et sçavoient quelque petit mestier, comme de faire les vans à vanner le bled : les autres estoient serruriers; et sont tous presque noirs ou basanez et mal vestus. Ils avoient néantmoins en Cypre un village où ils faisoient leur résidence, près la ville de Nicossie, et labouroient leurs terres et possessions, à mesmes conditions que les Éleftères (affranchis). On en voit de semblables en Italie, Espagne, France, Alemaigne, Pologne et autres provinces, qui voyagent toujours et sont sans habitation certaine. » Lusignan, *Description de l'isle de Cypre*, 1580, in-4°.—Ce passage se trouve dans le chapitre de Lusignan intitulé : *En combien de sortes de nations le peuple de Cypre étoit divisé;* ce qui prouve que ces Bohémiens étaient nombreux. Lusignan, qui était de Chypre, qui l'avait habitée jusqu'à la prise de cette île par les Turcs, et qui y avait fait des recherches historiques, ne dit rien de leur nouveauté dans ce pays; cette circonstance et quelques détails contenus dans ce passage montrent qu'ils y étaient établis depuis longtemps.

(3) Guillaume Dilich (*Hessische Chronick*, Cassel, 1617, p. 229) fait arriver les Bohémiens dans la Hesse en 1414, mais en se servant de la forme vague *vers ce temps,*

tion des premiers Bohémiens dans l'Occident, c'est que cette apparition eut lieu en 1417. Toutes les lumières nouvelles que nous puiserons dans un examen approfondi des faits et des circonstances qui les accompagnèrent, viendront confirmer et préciser à cet endroit la croyance générale.

A la fin de l'année 1417, une bande de Bohémiens parut tout à coup dans le voisinage de la mer du Nord, non loin de l'embouchure de l'Elbe. De la mer Noire à la mer du Nord, nul ne l'a vue passer, et il semblerait en résulter que ce trajet fut aussi direct que rapide. Ne perdons pas de vue toutefois un fait certain et un témoignage précieux, qui peuvent jeter quelque jour sur la question. Ces Bohémiens, comme nous allons le voir, portaient des lettres de protection de l'empereur Sigismond (1). Où donc les avaient-ils obtenues? On a généralement donné à entendre que c'était en Hongrie; et, au premier abord, cette supposition paraît assez naturelle, ces Bohémiens étant venus de l'Orient, et Sigismond étant roi de Hongrie en même temps qu'il était roi de Bohême. Mais il y a une petite difficulté, c'est

zu der zeit; et d'ailleurs il a été réfuté par Grellmann (p. 209). — Fabricius, *de Rebus Misnicis*, assure qu'ils furent chassés de Misnie (Saxe actuelle) en 1416, erreur matérielle qu'un chronologiste fort estimé, Seth Calvisius, avait redressée avant Grellmann, en substituant 1418 à 1416.

M Samuel Roberts (*the Gypsies*, London, 1842, p. 129-130) dit, d'après sir Thomas Brown, que les Bohémiens parurent en Allemagne en 1409; mais ce dernier, dans l'ouvrage cité (*Enquiries in to vulgar and common errors*, publié pour la première fois en 1646, traduit par Souchay sous le titre d'*Essais sur les erreurs populaires*, Paris, 1733, 2 vol. in-12, t. II, p. 241), avance seulement que les Bohémiens parurent en Allemagne vers 1400, date approximative qui suffisait à son dessein. — Du reste, je ne signale ici la grave erreur de M. Roberts, que parce que son ouvrage est nouveau et spécial. Il est inutile de dire que les propositions incongrues ne sont pas beaucoup plus rares sur ce point que sur les autres.

(1) J'ai déjà parlé d'un double mensonge des Bohémiens qui devait nous être fort utile. — En 1422, à Bologne, les Bohémiens disaient qu'ils erraient depuis cinq ans, et ils montraient en même temps des lettres de protection de l'empereur. Or, leur arrivée en Occident datait justement de 1417.—En 1427, à Paris, les Bohémiens disaient encore qu'ils erraient depuis cinq ans, et en même temps ils montraient des lettres de protection du pape. Or, c'est justement en 1422 qu'ils avaient été à Rome, et avant ce voyage ils n'avaient jamais parlé de sauf-conduits pontificaux. — L'accord de ces circonstances, et en général de toutes celles qui se rapportent aux lettres de protection de l'empereur et du pape, prouve irrécusablement leur authenticité. Si ces pièces eussent été fausses, les Bohémiens, qui retardaient le plus possible dans leurs récits l'époque où leur pèlerinage avait commencé, n'auraient pas manqué d'en fabriquer de nouvelles.

que l'empereur n'alla point dans ces années-là en Hongrie. Tout le temps que dura le concile de Constance (novembre 1414-avril 1418), l'empereur le passa à Constance, en Espagne, en France, en Angleterre, au centre de l'Allemagne, et derechef à Constance ; encore son séjour au centre de l'Allemagne ne dura-t-il que depuis le milieu de l'année 1416 jusqu'à son retour au concile (le 27 janvier 1417). Il faut donc que nos Bohémiens l'aient rencontré au centre de l'Allemagne, dans la seconde moitié de l'année 1416, ou qu'ils soient allés le trouver à Constance même, dans le cours de l'année 1417. Or, nous devons recueillir ici un renseignement précieux fourni par Munster. Cet auteur raconte que, vers 1510, étant à Heidelberg, il s'accointa avec des Bohémiens de qualité, qui lui montrèrent copie de quelques lettres qu'ils avaient autrefois obtenues de l'empereur Sigismond à Lindau ; « auxquelles lettres estoit faicte mention, comment leurs ancestres avoyent iadiz laissé la religion chrétienne pour quelque temps en la basse Égypte, et estoyent retournez aux erreurs des payens, et que, après leur repentance, il leur avoit esté enioinct, qu'autant d'années que leurs prédécesseurs avoyent esté en cest erreur des payens, autant d'années aussi aucun de toutes les familles d'entre eux s'en iroyent voyager par le monde, à fin que, par un tel bannissement et exil, ilz obtinssent la rémission de ce péché-là (1). » Or, il y a justement deux villes du nom de Lindau, l'une dans le centre de l'Allemagne, sur le chemin de l'Orient aux villes hanséatiques, l'autre sur le lac de Constance. Le voisinage du premier Lindau des villes hanséatiques semble avoir quelque chose de séduisant, et l'on pourrait être tenté de combiner l'entrevue des Bohémiens et de Sigismond dans ce bourg avec leur prétendu séjour, en 1416, dans la Misnie qui est assez voisine (2). Mais je doute fort que Sigismond soit allé à cette époque au Lindau situé au delà de l'Elbe ; et je ne suis pas porté à admettre cette rencontre presque fortuite des Bohémiens et de l'empereur. Munster a certainement entendu désigner la ville située sur le lac de Constance, et je crois qu'il a eu raison. Voici, à mon sens, ce qui arriva :

---

(1) Munster, *Cosmog. univ.*, trad. française de Belleforest, ou plutôt de son devancier, qu'il a à peu près copié.

(2) A la rigueur, les lettres de Sigismond pourraient être de la fin de l'année 1416, sans que le dire des Bohémiens à Bologne en fût infirmé ; il aurait suffi en effet qu'elles n'eussent pas six ans de date pour qu'ils donnassent le chiffre de cinq ans.

Notre bande de Bohémiens partit vers le commencement de 1417 de la Hongrie ; elle était munie des lettres de recommandation de quelque prince du pays, qu'elle avait su se rendre favorable (1), et elle comprit le parti qu'elle pouvait en tirer. Elle marcha droit vers Constance, mais elle y marcha comme savent marcher des Bohémiens, et comme savaient marcher aussi les Tartares, c'est-à-dire, en troupe disséminée et invisible. Les plus rassis de la bande se composèrent et se grimèrent de leur mieux en approchant du grave séjour où siégeait le grand concile de la chrétienté ; ils ne furent pas fâchés du reste de trouver Sigismond, se distrayant un jour de ses accablantes préoccupations dans cette ville libre et impériale de Lindau, qui a mérité d'être surnommée *la petite Venise.* Là, ils se présentèrent le plus saintement qu'ils purent à l'empereur très-chrétien, parlèrent de la Hongrie au roi de Hongrie, des Turcs à celui qui les combattait sans cesse, finalement débitèrent un récit fort habile, que tout semblait confirmer, à commencer par les papiers qu'ils tenaient déjà sans doute de quelque haut personnage de Hongrie, du fils de Pierre le Macédonien peut-être, de ce Nicolas en qui l'empereur mettait toute sa confiance, et qu'il venait d'investir du commandement absolu de ses troupes contre les Turcs. Comment en effet soupçonner d'imposture de vrais Orientaux venus humblement de si loin, des gens qui portaient de pauvres vêtements et de l'or sonnant dans leurs poches ? On n'avait jamais rien vu de pareil. Quand ils quittèrent l'empereur, ils avaient des lettres signées de sa main, et leur récit y était couché tout au long.

Il s'agissait maintenant d'user de ces lettres le plus possible, mais le moins près possible de l'empereur. Nul pays assurément ne répondait mieux à ce double désir que toutes ces villes libres de l'Empire, rangées sur les bords de la mer du Nord et de la mer Baltique, vers le point où ces deux mers se rejoignent. Lindau était pour eux d'ailleurs un agréable échantillon de ces petites républiques impériales. La troupe alla donc tout droit

(1) Les détails contenus dans le passage plus ou moins exact de M. Borrow viennent à l'appui de cette hypothèse.—Voyez aussi le diplôme accordé, en 1496, à une tribu bohémienne par le roi de Hongrie : Pray, *Annal.*, à l'endroit cité.—Enfin, nous savons que, même en Occident, plus d'un prince a protégé les Bohémiens : voy. mon analyse de Guler, page 28-29.

vers la Hanse teutonique, traversa, sans s'arrêter, l'espace qui l'en séparait, et ne se réunit, ne se fit visible, pour ainsi dire, qu'en y entrant (1). Elle traça ainsi inaperçue la route que nous lui verrons bientôt parcourir dans l'autre sens (2).

Arrivée, sur la fin de 1417 (3), à l'extrémité septentrionale de l'Allemagne, notre bande de Bohémiens se mit donc à visiter les villes hanséatiques (4), qui étaient dans ce moment à l'apogée de leur puissance. Elle commença par Lunebourg; puis elle traversa l'Elbe, et gagna Hambourg, qui n'avait pas encore conquis son indépendance; enfin, suivant les bords de la Baltique, de l'occident à l'orient, elle vint faire connaissance avec les cités libres de Lubeck, de Wismar, de Rostock, de Strahlsund et de Greifswalde (5).

Ces Bohémiens nous sont signalés par deux chroniqueurs, Hermann Corner et Albert Krantz : l'un précise le nombre de ces étrangers et les lieux qu'ils visitèrent; l'autre reste à cet égard dans les généralités. Mais ce qu'ils en disent s'accorde parfaitement, et la forme différente de leurs récits tient à ce que

(1) On s'apercevra bientôt que ces hypothèses dont je reconnais l'étrangeté, loin d'être forcées pourtant, s'accordent parfaitement avec le caractère bohémien et les allures bohémiennes, et tirent de là une grande valeur.

(2) Il n'est pas tout à fait impossible sans doute que les Bohémiens se soient montrés en Misnie lors de ce premier passage. Toutes les probabilités cependant me paraissent contraires à cette supposition. De plus, rejetant la date donnée par Fabricius, je devais naturellement choisir celle que Calvisius y a substituée, sans doute avec quelque motif, plutôt que d'en chercher une intermédiaire.

(3) La manière dont Corner a daté le passage de sa chronique, indiqué ci-après, permet d'arriver à cette précision approximative : *quarto anno Sigismundi qui est Domini* 1417°, dit-il. Cette date de Sigismond ne peut se rapporter qu'à l'époque où il reçut comme empereur la couronne d'argent, c'est-à-dire, au 8 novembre 1414. Or, le jour ordinairement adopté au quinzième siècle, par les Allemands comme par l'Église de Rome, pour le commencement de l'année, était le 25 décembre ou le 1er janvier. — L'apparition des Bohémiens sur les rivages de la mer du Nord eut donc lieu du 8 novembre 1417 au 25 décembre ou au 1er janvier suivant; ou, si nous voulons convertir cette date julienne en date grégorienne, du 29 octobre au 15 ou au 21 décembre 1417.

(4) Voy. M. Herm. Cornerii *Chronica novella, usque ad annum* 1435 *deducta*, dans le *Corpus hist. medii œvi* d'Eccard, t. II, p. 1225 ; et Alb. Krantzi, *Saxonia*, Francfort, 1621, in-f°, lib. XI, ch. 2, p. 285-286. — C'est à ces deux sources que sont puisés tous les détails qui suivent.—Munster, dans sa *Cosmographie*, a reproduit entièrement le passage de Krantz en se l'appropriant ; et le savant Conrad Gesner, dans son *Mithridates*, l'a copié de Munster, sans savoir que le véritable auteur était Krantz.

(5) Corner.

Corner (1), dont le passage est si précieux, était contemporain du fait, et semble même avoir vu, à leur arrivée, les gens qu'il décrit, tandis que Krantz (2) écrivait près d'un siècle plus tard (3). Tous deux, du reste, étaient bien placés pour savoir ce qui nous intéresse, tous deux étaient du pays, Corner de Lubeck, et Krantz de Hambourg.

Ces Bohémiens, que l'on vit pour la première fois dans les pays qui ont pour noms aujourd'hui le Hanovre, le Holstein et le Mecklembourg, étaient au nombre de trois cents environ, tant hommes que femmes, mais non compris les enfants : ce qui porte au moins leur nombre total à cinq cents ; car chez ces Bohémiens, comme chez ceux d'aujourd'hui, nous savons que les enfants abondaient. Si nous interprétons bien le texte de Corner, ils se fractionnaient déjà fréquemment en plusieurs bandes (4) ; mais elles relevaient toutes du même chef, elles marchaientde concert et se suivaient de près ; en un mot, elles formaient un ensemble dans lequel le nombre total des individus était appréciable : et ce fut, suivant toute apparence, la tribu entière qui parcourut tous les lieux où nous l'avons suivie.—Ces gens étaient très-sales ; de plus, au dire des deux chroniqueurs, ils étaient fort laids (5), et ncirs comme des Tartares. Le peuple les baptisa

(1) Hermann Corner, moine de l'ordre des frères prêcheurs de Saint-Dominique, assista au synode provincial de Hambourg dès 1406 : il devait être alors très-jeune. (Voyez *Corpus hist.* d'Eccard, t. II, n° iii de la préface.) Je ne crois pas que sa chronique ait été imprimée avant de faire partie du recueil d'Eccard, publié en 1723.

(2) Albert Krantz, né à Hambourg vers le milieu du quinzième siècle, mort le 7 décembre 1517, est beaucoup plus connu que Corner. Sa chronique saxonne a paru pour la première fois à Cologne en 1520.

(3) Krantz ne pouvait avoir la précision circonstanciée de Corner qu'en le copiant textuellement, et c'est ce qu'il n'a pas fait. Il doit même avoir eu communication de quelque texte ou de quelque témoignage autre que celui de Corner : d'abord la forme présente qu'il emploie, même en racontant ce qui est certainement passé, et qui revient jusque dans cette phrase : « *Litteras tum prœtulerunt.. ut transitus... permittatur*, » semble indiquer qu'il reproduit des lambeaux d'une chronique contemporaine. Et puis le détail relatif aux chiens de chasse lui appartient, et, en même temps que je suis sûr de son exactitude, je ne doute pas qu'il se rapporte aux premiers Bohémiens qui arrivèrent. Sauf ce détail que nous avons ajouté au récit de Corner, c'est ce dernier chroniqueur que nous avons presque toujours suivi textuellement. Les petites divergences que la collation des deux textes pourra nous faire remarquer encore, seront indiquées en note.

(4) « *Turmatim* autem incedebat (multitudo), et extra urbes in campis pernoctabat, eo quod furtis nimium vacaret, et in civitatibus comprehendi timeret. » Corner.

(5) *Forma turpissimi*, Corner ; *nigredine informes*, Krantz. — Moi qui les trouve

même de ce nom, qui leur resta en quelques endroits. Pour eux, ils se donnaient le nom de *Sécanes* (1). Ils avaient entre eux des chefs, à savoir un duc et un comte (2), qui les jugeaient, et aux ordres desquels ils obéissaient. Ils faisaient de fréquents échanges de chevaux ; et les uns étaient à cheval, les autres marchaient à pied (3). Les femmes se faisaient traîner en chariot avec les bagages et les petits enfants (4). Superbement vêtus, les chefs avaient des chiens de chasse, en manière de noblesse (*pro more nobilitatis*) (5) ; mais Krantz ajoute très-spirituellement que, quand ils chassaient en réalité, ils avaient la prudence de le faire à petit bruit et sans meute. Leur infidélité à la foi chrétienne et leur retour au paganisme après une première conversion, avaient été, disaient-ils, la cause de leur vie errante : *leurs évêques leur avaient imposé pour pénitence de continuer leur course aventureuse pendant sept ans*. Ils portaient et montraient des lettres de protection (*litteras promotorias*) (6) de divers princes, entre autres de Sigismond, roi des Romains, qui les faisaient bien accueillir par les villes épiscopales, par les

---

fort beaux, je ne puis m'empêcher de remarquer que le teint cuivré, comme aussi la saleté de nos aventuriers, paraissent être pour beaucoup dans l'aversion de ces deux Allemands accoutumés aux blancs et clairs visages ; et que, la première impression passée, Krantz, qui les trouve encore *hideux de noirceur*, n'ose plus les dire *laids de forme* et de traits.—Il ne faut pas, au surplus, que je querelle trop subtilement à cet endroit nos chroniqueurs d'outre-Rhin ; ceux de France et d'Italie même nous en diront autant. — La beauté du type bohémien, qui me semble pourtant plus absolue que beaucoup d'autres, est un des points sur lesquels, encore aujourd'hui, on est le moins d'accord.

(1) *Secanos se nuncupantes*, Corner. Il n'est pas sans importance de constater que c'est des Bohémiens eux-mêmes que leur vient le nom de Tsiganes. — Krantz se borne à dire : Tartaros vulgus appellat : in Italia vocant Cianos.

(2) Krantz parle aussi de chevaliers : *Ducem, comites, milites inter se honorant.*

(3) « Eorum autem *quidam* equitabant, *quidam* vero pedes gradiebantur. » Corner. — « Equos sæpe mutant : *major* tamen *pars* pedibus graditur. » Krantz. — N'oublions pas que Corner est le témoin contemporain, tandis que Krantz, qui écrivait quatre-vingts ans après, mêle souvent aux souvenirs historiques ses observations sur les Bohémiens de son temps. Ceux-ci devaient déjà avoir déchu, et, ne faisant plus en masse d'aussi grands voyages, ils avaient besoin de moins de chevaux.

(4) *Fœminæ cum stratis et parvulis jumento invehuntur.* — *Jumentum* signifie quelquefois *chariot*, et je ne crois pas qu'on puisse le prendre ici dans un autre sens. — Ce détail est de Krantz ; il ne se trouve pas dans Corner, notre guide le plus sûr, mais, il faut le dire, le plus concis, quoique le plus complet.

(5) Krantz.

(6) *Promotor*, fautor, auctor, protector ; *Promotivus*, rem promovens et efficiens. *Glossar*. de du Cange.

princes, par les châteaux, par les villes fermées (*oppidis*), par les évêques et autres dignitaires mitrés.

Ce n'en étaient pas moins de francs vauriens. Les Allemands retors de ces villes si marchandes, ouvertes aux voyageurs de toutes les nations, ne s'en laissèrent point imposer, comme firent plus tard les bons Suisses, par les récits, les diplômes et le cortége chevaleresque de ces étranges aventuriers. La troupe, dit Corner, campait la nuit dans les champs, parce qu'elle était trop sujette aux larcins, et qu'elle craignait d'être arrêtée dans les villes. Les Tsiganes sont en effet de grands voleurs, les femmes surtout qui se chargent de pourvoir à la subsistance des hommes (1). Aussi bien, il paraît que les bonnes réceptions dont ils furent l'objet dans le premier moment durèrent peu. On s'empara de plusieurs d'entre eux en divers endroits et on les tua (2).

Il paraît que nos Tsiganes ne furent pas curieux de suivre plus longtemps les bords de la Baltique. Le fait est que nous les trouvons en 1418 à Meissen (Saxe actuelle) (3), à Leipzig (4), et dans la Hesse (5). Les chroniqueurs qui nous signalent ces trois apparitions ne précisent pas les moments de l'année où elles eurent lieu, et ne nous fournissent aucune donnée sur l'itinéraire

(1) Corner, et Krantz qui le complète.

(2) Corner.

(3) Sous la rubrique A° 1416 : « Zigani , genus hominum erroneum et maleficum , ex hac ditione, propter furta, stellionatum et libidines , exterminantur, mandato Frederici principis. » Georg. Fabricii Chemnicensis *Rerum Misnicarum* libri VIII , Lipsiæ, sans date, in-4°. — G. Fabricius, poëte latin , historien exact et estimé, était né à Chemnitz (électorat et depuis royaume de Saxe) en 1516. Il ne publia ses *Res Misnicæ* qu'en 1560, in-4°, deux ans avant sa mort.— J'ai déjà dit (voyez p. 18, note 3) que la date de ce passage est certainement inexacte et généralement reconnue comme telle. Voici de quelle façon Seth Calvisius la rectifie. Dans son *Opus chronologicum*, etc. (édit. de Francfort , 1650 , in-folio, pag. 873), on trouve le passage suivant, sous l'année 1418 : « Tartari , vulgo Zigeuner, genus erroneum et maleficum , primum in his regionibus visum ; et propter furta et libidines ex Misnia exterminantur. FAB. »

(4) *Anno* 1418 : « Les Zigeuner, peuple malicieux, voleur et sorcier, parurent pour la première fois à Leipsig. » *Leipzigische Chronike*, par Tobie Hendenreich , docteur en droit de Leipzig. Leipsig , 1635 , in-4°.

(5) Sous l'année 1414 : « Vers ce temps vint pour la première fois dans ce pays la voleuse, méchante et sorcière gueusaille (Bettelvolck) des Zigeuner. » *Hessische Chronick*, durch Wilhelm Dilich (dont le vrai nom est Wil. Schæfer). Cassel, 1617, page 229. — Ici la date est certainement fausse (voyez p. 18, note 3, et Grell. p. 209) ; et il est naturel de substituer *mccccxviij* à *mccccxiiij*.

exact de ces Bohémiens, sur leur nombre en chaque endroit, sur la composition et l'équipage de leurs bandes. Mais les faits qui précèdent et ceux qui suivent indiquent assez qu'il faut placer ces apparitions dans la première moitié de 1418. L'ordre dans lequel elles se succédèrent n'est guère douteux non plus. En venant de Greifswalde, les Bohémiens durent commencer par la Misnie ; et il paraît qu'ils voulurent y séjourner quelque temps, car le margrave de Misnie eut à les chasser, et, si l'on en croit Fabricius, cette race de vagabonds et de malfaiteurs avait déjà commis assez de vols, de stellionats (1) et de désordres pour bien mériter cette rigueur (2). En sortant de Misnie, la horde vint à Leipzig, puis se répandit dans la Hesse. Les Bohémiens approchaient de la Suisse.

Voici maintenant les Bohémiens en Suisse. Sprecher prétend qu'ils parurent dans les Grisons et dans les pays d'alentour dès 1417 (3). Tous les autres chroniqueurs, il est vrai, rapportent à l'année 1418 seulement la première arrivée des Tsiganes dans les pays qui composent la Suisse actuelle ; et Grellmann n'a eu égard qu'à leur témoignage (4), bien qu'il connût le passage de Sprecher. Au premier abord, cependant, la véritable dissidence n'apparaît qu'entre Sprecher et Guler (5), ces deux chroniqueurs étant les seuls, parmi les nôtres, qui soient spéciaux pour les Grisons. Si l'on considère en effet que le sauvage pays des anciens Rhétiens avait encore à cette époque une existence toute distincte de l'Helvétie, dont une partie s'était confédérée

---

(1) J'ai dû traduire ce mot littéralement. Le stellionat est le crime résultant de ce qu'on vend comme propre une chose appartenant à autrui. C'est un vrai crime de Bohémiens.

(2) Ajoutons que le margrave de Misnie, Frédéric le Belliqueux, était un prince très-jaloux de sa souveraineté ; déjà même il était en assez mauvais rapports avec l'empereur. Il n'est donc pas étonnant qu'il ait mal accueilli des gens de rien, porteurs de lettres impériales, dont ils prétendaient sans doute user au même titre là que dans les villes de la Hanse teutonique.

(3) 1417. « Eodem anno, in Rhætia et circumvicinis regionibus primo conspecti sunt Nubiani, etc. » *Pallas Rhætica*, etc., ou *Rhætia*, etc., ou *Chronicon Rhætiæ*, *authore* Fort. Sprechero à Berneck, etc. Basil. in-4°, 1617, p. 91 ; ou édit. Elzevir, 1633, petit in-12, p. 139.

(4) Grell. p. 202.

(5) « Vers le même temps (1418), on vit pour la première fois dans les pays rhétiques les *Ziegeiner*, qu'on appelle vulgairement *Heiden* (païens). » *Rhætia, c'est-à-dire, Description détaillée et véritable des trois honorables Grisons et autres pays rhétiques* (en allem.), par Guler de Veineck, etc., 1616, in-fol., p. 156 v°.

en 1315, en prenant le nom d'un de ses cantons, le canton de Schwitz, on sera porté à supposer que les Bohémiens pouvaient bien l'avoir visité en 1417, sans que les chroniqueurs de l'Helvétie en eussent eu connaissance, et en tout cas, sans qu'ils eussent dû y avoir égard. La date donnée par Sprecher n'est donc pas sans quelque apparence de valeur, et je ne devais pas la rejeter légèrement. Je la rejette toutefois, parce que l'examen comparé du passage de Guler et de tous les passages qui nous intéressent dans les autres chroniques suisses, me démontre clairement que Sprecher, pas plus que Guler du reste, n'a connu aucun document original et spécial aux Grisons.

Ce qui frappe au premier abord le collecteur des textes relatifs à l'apparition des Bohémiens, c'est le grand nombre de ceux qu'offre la Suisse ; mais on s'aperçoit bientôt que cette richesse inaccoutumée est plus apparente que réelle. Presque tous nos chroniqueurs suisses se sont copiés et recopiés. Nous devons donc, en les employant, ne négliger aucun moyen critique, et nous préoccuper surtout de l'ordre chronologique dans lequel ils se sont succédé (1). Nous serons amenés de cette façon à reconnaître

---

(1) Voici la liste complète de ces chroniqueurs. J'y comprends Wurstisen, dont le témoignage ne regarde que Bâle en 1422, mais qui a dû être connu par quelques-uns des chroniqueurs postérieurs ; et Specklin, dont le témoignage s'applique à Strasbourg, mais en 1418, et qui a certainement connu quelque chroniqueur suisse antérieur :

Jean STUMPF, signalant l'apparition des Bohémiens dans l'Helvétie, et particulièrement à Zurich en 1418 : *Schweitzer Chronic*, etc. (Chronique suisse, c'est-à-dire, Description de toute l'honorable confédération.— Édit. revue, augmentée et continuée par Joh. Rudolp. Stumpf. Tiguri, 1616, in-fol., p. 731.) La première édition de cette chronique est de 1546 au plus tard. Parmi les anciens auteurs qui ont cité Stumpf, je nommerai Spondanus (*Annal. ecclesiast. continuatio*, en 3 vol. in fol., Lutet. 1641, t. II, p. 237), qui a lu 1400 là où Stumpf dit 1418.

Gilles TSCHUDI, magistrat à Glaris, historien très-estimé, était né à Glaris en 1505, et mourut en 1572. C'est lui qui nous donne les détails les plus précis sur la marche des Bohémiens en Suisse en 1418. OEgid. Tschudi i *Chronicon helveticum*, etc. (en allem.— Édit. de 1736, en 2 vol. in-fol., tom. II, p. 116.) Cette chronique n'a été imprimée pour la première fois qu'en 1734.

Christian WURSTISEN (en latin Urtisius), savant de Bâle, publia en 1580 sa chronique de Bâle (*Basler Chronick*, etc., *oder Basler Bistumbs Historien*, en 4 liv.; datée à la fin). Nous ne ferons que plus tard usage de ce texte, qui se rapporte uniquement à la ville de Bâle en 1422.

Daniel SPECKLIN, architecte de la ville de Strasbourg, et l'un des plus grands ingénieurs de son temps, écrivait aussi à la fin du seizième siècle, je ne sais à quelle époque exactement. Je dois la connaissance de ses *Collectanea* (en 2 vol. in-fol., mss. du temps, conservés à la bibliothèque de Strasbourg) à l'obligeance de M. Strobel, pro-

qu'il n'y en a que trois qui puissent passer pour originaux :
Stumpf, Tschudi et Wurstisen.

fesseur au collége mixte de Strasbourg et auteur d'une très-bonne *Histoire d'Alsace*, lequel a bien voulu me fournir encore quelques autres documents. C'est dans ce recueil, d'ailleurs précieux pour l'histoire de l'Alsace, que Specklin, 1er vol., fol. 340, *od an*. 1418, signale l'arrivée des premiers *Zeyginer* à Strasbourg; malheureusement il ajoute : « et dans tous les pays (d'Europe sans doute) ; » et cela me fait déjà craindre que son assertion ne repose que sur ce raisonnement peu digne d'un érudit, quand même la prémisse en serait moins inexacte : les Bohémiens se sont montrés pour la première fois dans tous les pays du centre de l'Europe en 1418 ; donc à Strasbourg. Cette base serait d'autant plus mauvaise, que les Bohémiens ne se répandirent dans la partie de la Suisse qui avoisine l'Alsace qu'en 1422 (voyez Wurstisen). Ce qui est certain, c'est que, sauf le nom de Strasbourg qui remplace celui de Zurich, le passage de Specklin n'est guère qu'une seconde édition du passage de Stumpf ; quelques phrases sont transposées, quelques détails sont supprimés, Specklin prend même sur lui de joindre le nom de l'Épire à celui de la petite Égypte, et de fixer à cinquante ans l'intervalle qui, suivant l'auteur qu'il copie, sépara les vrais Tsiganes des nouveaux ; mais là se borne son originalité ; ce qui est surtout fâcheux pour lui, c'est qu'il répète bravement le chiffre entier de 14,000, quand Tschudi, qu'il ne connaissait sans doute pas, dit positivement qu'en sortant de la Suisse la bande se divisa en deux sections, qui prirent des chemins différents. — Ces observations ne prouvent pas positivement que le fait capital, à savoir, la venue des Bohémiens à Strasbourg en 1418, soit faux ; mais on conviendra que, sous une pareille enveloppe, il est bien douteux.

Jean GULER de Weineck et Fortunat SPRECHER de Berneck, qui remplirent des fonctions importantes, soit dans l'armée, soit dans la magistrature et la politique de leur pays, étaient nés tous deux à Davos, dans les Grisons, le premier en 1562, le second en 1585. Sprecher écrivit une biographie de Guler, et le titre seul de cet opuscule semble prouver qu'ils étaient liés d'amitié. Leurs ouvrages, cités dans les notes précédentes, parurent à une année d'intervalle, celui de Guler en 1616, à Zurich, où l'auteur demeura quelque temps, celui de Sprecher à Bâle, en 1617, pendant que l'auteur était gouverneur du comté de Chiavenne (dans le Milanais). L'ouvrage de Guler est beaucoup plus étendu que celui de Sprecher, mais il offre des lacunes, la seconde partie que l'auteur avait promise ayant péri dans un incendie.

Le passage assez long de Guler peut se diviser en deux parties. — Dans la première, consacrée aux premiers Zigeuner, les seuls qui soient authentiques aux yeux de Guler et des autres chroniqueurs suisses, il copie Stumpf, en remplaçant toutefois le chiffre de 14,000 par celui de 1,400, peut-être d'après Crusius (*Annales Suevici*), et en ajoutant des détails qui ne sont pas non plus dans Tschudi ; ainsi il développe le dire des Bohémiens sur la cause de leur exil, et il parle de leurs passe-ports et du duc Michel, dont, en Suisse, Wurstisen seul avait parlé avant lui. Où Guler a-t-il pris ces détails ? Il les a pris dans Munster (*Cosmog. univ.*), lequel s'était déjà approprié le passage intéressant de Krantz, en y joignant du moins quelques observations curieuses, dont Guler a profité à son tour. La phrase sur les passe-ports est textuellement de Krantz, sauf que Guler a ajouté le pape à l'empereur, sans doute d'après Wurstisen. Quant au récit des Bohémiens sur la cause de leur exil, il est de Munster, qui l'avait déjà pris je ne sais où, dans la *Chronique de Bologne* peut-être, à laquelle quelques autres de ses détails semblent aussi empruntés. — Dans la deuxième partie de son passage, Guler fait connaître les faux Bohémiens qu'il croit avoir succédé aux pre-

Nos auteurs, tout en se copiant, ont trouvé le moyen de n'être pas d'accord sur plusieurs points importants. Leur principale divergence porte sur le nombre des Bohémiens qui visitèrent la Suisse. La question est grave, comme on va le voir ; il ne s'agit plus ici de quelques cinquantaines d'individus ; il s'agit de milliers, de nombreux milliers.

Tschudi évalue le nombre de ces Bohémiens à quarante mille ; Stumpf et, d'après lui, Specklin et Walser, qui cependant copie Guler pour tout le reste, le portent à quatorze mille (1). D'où vient donc que Guler, qui pille Stumpf, a remplacé ce chiffre par celui de quatorze cents ? Est-ce à Crusius (2) qu'il a em-

miers, et que Stumpf en distinguait déjà, mais moins clairement. Ici se trouvent textuellement les détails que donne Krantz sur les Bohémiens de son temps , enrichis de ceux que Munster avait joints à son plagiat , sur la prétendue tentative des Bohémiens pour retourner en Afrique , sur leur *bonne aventure* et leurs *filouteries* , etc. Enfin, un mot de Guler indique qu'il a connu aussi quelques-uns des auteurs qui font venir les Bohémiens de la Zeugitanie , soit Niger, soit Ortélius, soit Vulcanius ou tout autre. — Au total, dans tout le passage de Guler, je ne trouve qu'une ligne à recueillir : Guler dit en terminant que les Bohémiens sont maintenant chassés de beaucoup de pays, et, que lorsqu'on y en trouve , ils sont jetés en prison ou décapités comme ils le méritent ; et il ajoute : « Pourtant plusieurs princes s'accommodent assez volontiers de ce ramas de filous. »

Le passage de Sprecher n'est qu'un court et pâle résumé des précédents, particulièrement, ce semble, de Guler. Il a connu de plus par lui-même Vulcanius ou Ortélius , auxquels il emprunte le nom de *Nubiani.* La seule différence entre lui et les autres chroniqueurs suisses est dans la date de 1417 ; et si elle n'est pas le résultat d'un *lapsus,* elle tient probablement à ce que, retrouvant la source de Guler dans quelqu'un des copistes de Krantz , dans Munster , Gesner ou autres, Sprecher aura cru faire acte de haute critique en adoptant la date fournie par un document plus original.

Jean Grossius , dont la *Petite Chronique de Bâle* (en allem.) a paru pour la première fois , je crois, en 1624 (Basil. pet. in-8°, p. 70, sub. an. 1422), ne fait qu'abréger le passage de Wurstisen.

Enfin Gabriel Walser , que je sais seulement être postérieur aux précédents, ne fait que reproduire le passage de Guler , en l'abrégeant un peu dans la seconde partie, et en l'appliquant sans plus de façon au canton d'Appenzell. Seulement , il reprend dans Stumpf le chiffre de 14,000 que Guler avait remplacé par 1,400; et pour la date il substitue , sans doute par négligence, 1419 à 1418. Il termine en ajoutant, sur les mesures prises en divers pays contre les Bohémiens et sur le petit nombre de ceux qu'on rencontre encore dans le canton, quelques mots bons à recueillir. — Voyez *Nouvelle Chronique d'Appenzell, ou Description du canton d'Appenzell, rodes intérieurs et extérieurs* (en allem.). S.-Gallen, 1740, in-8°, p. 266-267.

(1) Quant à Sprecher, dont le témoignage est d'ailleurs comme non avenu , il ne donne pas de nombre; et, Wurstisen et Grossius parlant d'une autre apparition de Bohémiens , postérieure de quatre ans, nous n'avons pas à nous en occuper ici.

(2) *Annales Suevici, ab an.* 1213 *ad an.* 1594. Francof. 1595, 2 vol. in-f°, 3e part. 2e vol., pag. 345.

prunté cette variante? Mais quélle a été la raison de Crusius pour la faire? Est-ce de sa part une véritable rectification ou une erreur de copie? Si son ouvrage était récent, je n'hésiterais pas à dire que c'est une erreur de copie ; car, de nos jours, il ne serait pas permis de reproduire ou d'analyser un texte en en nommant l'auteur , tandis qu'on y apporterait , même avec les meilleures raisons du monde, une modification importante. Mais les annalistes de ce temps n'avaient pas les mêmes idées que nous à cet égard (1) ; et je suis porté à croire que c'est là une rectification. En tout cas, le chiffre de quatorze cents est à saisir et à considérer ; car il ne peut y avoir doute un instant qu'entre ce chiffre et celui de quatorze mille, les quarante mille Bohémiens de Tschudi dépassant toutes les bornes du vraisemblable (2). Or, je dirai même des quatorze mille, ce que Müller (3) dit des quarante mille, à savoir, que cette multitude eût alarmé tous les princes et toutes les villes , et qu'on ne trouve pas vestige d'une pareille agitation. Et, tandis que Müller hésite entre les nombres de quatorze mille et de quatorze cents, sous prétexte que ce dernier n'eût pas éveillé l'attention de tous les chroniqueurs, je m'étonnerai au contraire de voir les Bohémiens passer, au nombre déjà énorme de quatorze cents, non-seulement dans la Suisse, mais à quelques lieues de Bâle, sans qu'on en sache rien à Bâle (4). Quatorze cents Bohémiens ! mais c'est déjà le double de tout ce qu'en contient le pays basque français, dont les habitants réclament chaque année, dans le conseil général des Basses-Pyrénées et même dans les chambres législatives, des mesures de répression contre ces tristes restes de nomades à demi civilisés. J'ajouterai avec Grellmann (5), que tout ce que nous avons vu jusqu'ici, et tout ce que nous savons sur la composition des bandes bohémiennes, répugne au chiffre de quatorze mille. Celui de quatorze cents est au contraire assez vraisemblable, et nous l'adopterons pro-

---

(1) Témoin Calvisius rectifiant Fabricius de la façon que nous avons vue plus haut.

(2) Müller , dans son *Histoire de la Confédération suisse* (traduct. française de MM. Monnard et Wulliemin , t. IV, p. 277, note 299), rejette aussi ce nombre. Quant à Grellmann, il ne connaissait pas le passage de Tschudi, et il s'effrayait déjà à juste titre du chiffre de 14,000 ; voyez p. 212.

(3) A l'endroit cité.

(4) On ne les connut à Bâle qu'en 1422. Voyez plus loin.

(5) Pag. 212-213.

visoirement. Je dis provisoirement , car il est déjà bien fort ; et
si plus tard , en jetant un coup d'œil sur l'ensemble des faits,
et en supputant le nombre des Bohémiens répandus dans l'Europe occidentale pendant cette période, nous éprouvons une difficulté, ce sera la difficulté d'arriver à un pareil total.

Quoi qu'il en soit, cette multitude entra dans la Suisse par le
pays des Grisons (1), traversa le canton d'Appenzell (2), et pé-
nétra dans le canton de Zurich. Il en vint un grand nombre à
Zurich même (3) ; ils y arrivèrent le dernier d'août, campèrent
devant la porte de la ville , sur la place du préau de Bannser
et sur les bords du Limath. Ils y restèrent six jours. Puis ils
allèrent jusqu'à Baden en Argovie, et là se séparèrent en deux
bandes (4). Cette multitude, au surplus, ne marchait pas en colonne serrée; elle s'éparpillait au contraire (5); et, suivant
Stumpf, ce ne fut pas la horde entière qui campa devant la
porte de Zurich. Il faut toutefois qu'il y ait eu une étroite unité
dans cette horde et un ensemble visible dans la marche des diverses bandes qui la composaient, pour que Tschudi ait pu remarquer son fractionnement au sortir de la Suisse.

Ce peuple qu'on n'avait jamais vu dans le pays, et sur lequel
tous nos chroniqueurs épuisent les épithètes synonymes
d'étrange et de singulier, était généralement noir (6), aussi bien
les enfants que les hommes et les femmes (7). Il avait ses ducs,
ses comtes et ses seigneurs; on y remarquait surtout deux ducs
et deux chevaliers (8). Guler et, d'après lui, Walser ajoutent que
son principal chef était le duc Michel d'Égypte ; mais nous som-

(1) A moins qu'elle n'ait pris tout de suite, au-dessous du lac de Constance, les pays
de Saint-Gall et d'Appenzell. J'ai préféré les Grisons , à cause des passages de Guler et
de Sprecher. Je n'attache , du reste , aucune importance à leur témoignage, non plus
qu'à celui de Walser ; et je ne les adopterais point, s'ils ne se trouvaient concorder
parfaitement ici avec l'itinéraire ultérieur des Bohémiens rapproché de leur itinéraire
antérieur.

(2) Walser. — Voyez la note précédente.

(3) Tschudi et Stumpf.

(4) Tschudi.

(5) Stumpf. — Tschudi , qui portait leur nombre à quarante mille , n'a certainement pas pensé non plus que ces quarante mille âmes soient restées immobiles et
serrées pendant six jours devant la porte de Zurich.

(6) Tschudi. Sprecher : *gens atra* , dit ce dernier.

(7) Tschudi.

(8) *Ibid.*

mes édifiés sur l'originalité de Guler, et, bien qu'il ne soit pas prouvé pour moi qu'il connaissait Wurstisen, je crains qu'il lui ait emprunté ce détail, que je crois pourtant vrai au fond. — Ces Bohémiens disaient être de l'Égypte Mineure (1). Ils racontaient qu'ils en avaient été chassés par le sultan et les Turcs, et qu'ils devaient faire pénitence, dans la misère, pendant sept ans. C'étaient d'ailleurs de très-honnêtes gens; ils pratiquaient les usages chrétiens, quant au baptême des enfants nouveau-nés, quant aux enterrements et sur tout le reste. Ils portaient de pauvres vêtements; mais ils avaient sur eux beaucoup d'or et d'argent, dont on les pourvoyait de leur pays, mangeaient bien, buvaient bien, et payaient de même (2). Stumpf ajoute qu'au bout de sept ans, fidèles à leur parole, ces Tsiganes s'en retournèrent chez eux; et il se garde bien de les confondre avec les vagabonds qui, sous le nom de ceux-là, se sont bien accrus depuis, et dont le plus honnête, dit-il, est un fripon, vu qu'ils ne vivent que de vols (3). Ce témoignage indique assez que les nombreux Bohémiens qui vinrent en Suisse pour la première fois s'y comportèrent avec quelque décence; et il y a lieu de supposer qu'ils y furent passablement reçus (4).

(1) Stumpf dit seulement de l'Égypte. — Tschudi est plus explicite : suivant lui, ils disaient être du pays Zingri (?), de l'Égypte Mineure ; quelques-uns aussi disaient être d'Igritz (?).

(2) Tous ces détails sont tirés de Stumpf et de Tschudi.

(3) Guler s'est emparé de cette donnée et l'a développée comme transition entre son plagiat de Stumpf et celui de Munster, enrichi déjà de celui de Krantz : « Après le départ des Zigeuner, dit-il, une cohue perdue et sauvage de filous s'amassèrent, se produisirent à leur place, et osèrent se rendre noirs comme eux au moyen d'un onguent. Lorsqu'ils furent devenus assez désordonnés, dissolus et sales, ils employèrent également le costume des Zigeuner étrangers, et voulurent par là persuader au monde qu'ils étaient les susdits Égyptiens, et qu'ils avaient essayé d'aborder par mer en Afrique, mais qu'ils en avaient été empêchés, etc. » Les Tsiganes ont donné en effet cette dernière raison pour expliquer leur séjour en Europe après les sept ans révolus. Voyez Munster. Quant à la mascarade qui aurait donné naissance aux centaines de milliers de Bohémiens répandus en Europe, elle ne trompera personne.

(4) Cela semble résulter aussi d'un petit passage de *Jean-Jacques* Hottinger, qui, dans son *Histoire ecclésiastique suisse*, après avoir parlé de la bienfaisance de la ville de Soleure à l'égard de diverses localités et de diverses personnes, ajoute : « La même charité a été éprouvée à la même époque par les *Zigeuner* sans patrie. » (Voyez *Helvetische Kirchengeschichte*, refaite, d'après l'ancien ouvrage de Joh. Jakob Hottinger et d'autres sources, par Louis Wirz, pasteur à Mœnch-Altorf; Zurich, 1808-1810, in-8°, tom. III, p. 223.—Je cite cet ouvrage à défaut de l'ouvrage original de J.-J.

Ce que nous venons de voir en Suisse, évidemment c'est un rendez-vous complet ; et je suis persuadé que ce rendez-vous ne fut pas simplement l'effet du hasard. Quand on considère en effet les premières pérégrinations bohémiennes, on est frappé de leur promptitude. Dans tous les pays où l'on peut, à l'aide de témoignages authentiques, suivre les Bohémiens pendant quelque temps, on les voit marcher, marcher toujours, non pas seulement comme des nomades qui aiment à changer de lieux, mais comme des voyageurs pressés de voir. De pareilles courses devaient avoir pour but la reconnaissance de cette nouvelle partie du monde où ils s'étaient bravement aventurés ; et, pour que cette reconnaissance fût plus étendue, et profitât cependant à la bande entière, il fallait souvent se séparer, quelquefois se rejoindre ; il était naturel surtout de se rejoindre complétement à quelque endroit avancé du voyage, comme celui-ci. Dans ces réunions, les petits chefs venaient raconter au chef supérieur ce qu'ils avaient vu ; le chef supérieur nombrait ses hommes, et donnait de nouveaux ordres.—L'organisation des grandes tribus bohémiennes, telle qu'elle existe encore aujourd'hui, autorise parfaitement cette conjecture ; et l'on doit même penser que, lorsque la masse entière des Bohémiens eut fait son entrée en Europe, et s'y distribua avec quelque stabilité, de fréquents messagers mettaient en communication les fractions de ce peuple nomade, et entretenaient un esprit d'ensemble, là où nous ne voyons que la division.

Le nombre un peu effrayant des Bohémiens réunis en Suisse contribua sans doute à les rendre prudents et réservés. Ils devaient bien d'ailleurs quelques égards à ce pays, sur la lisière duquel ils avaient été si bien traités par l'empereur, que l'empereur habitait encore il n'y avait pas quatre mois (1) ; et puis, il était dans leurs vues d'y revenir. Aussi n'y restèrent-ils

Hottinger, que je n'ai pu trouver dans les bibliothèques de Paris ; et il n'est pas impossible que notre passage soit de Wirz, ce qui du reste importe peu). Hottinger ne précise guère plus l'époque que les faits ; cependant, d'après la date qui précède et celle qui suit, son observation ne se rapporterait qu'au milieu du quinzième siècle , ce qui est trop tard, s'il s'agit, comme je le crois, des premiers Bohémiens qui parcoururent la Suisse.

(1) Peut-être même l'empereur était-il encore tout près de là , ce qui serait très-significatif. « Après le concile (clos le 22 avril 1418), Sigismond voyagea encore quelque temps dans les contrées du Rhin ; puis il alla en Hongrie... » *Hist. des Allemands*, par Schmidt, trad. (par J. C. de Laveaux), in-8° ; t. V, 1786 , p. 134.

pas longtemps. Leur passage y fut très-rapide et même très-direct : ils ne parcoururent certainement pas tous les pays de la confédération, comme le dit Walser (1) ; suivant toute vraisemblance, ils ne firent que traverser l'extrémité nord-est de la Suisse, et ils la traversèrent avec un ensemble tel, qu'il dut en rester pour le moment peu de traces (2).

Nous les avons laissés se séparant près de Baden en Argovie. Une partie de la horde passa le Bœtzberg, c'est-à-dire le bout de la chaîne du Jura. Le chroniqueur (3) ne suit pas ceux-ci plus loin, et ne dit pas quel chemin prirent les autres ; mais il est évident qu'un bon nombre de Bohémiens dut alors faire invasion dans le grand-duché de Bade, et c'est de là qu'il put en venir à Strasbourg dans la même année (1418) (4).

Ce qui est certain, c'est que, le 1er novembre 1418, une bande de Bohémiens vint à Augsbourg. Elle ne comptait, à la vérité, que cinquante hommes, mais suivis d'une légion de laides femmes et de sales enfants. Ces vagabonds, au teint noirâtre, comme les appelle le chroniqueur, avaient d'ailleurs à leur tête deux ducs et quelques comtes, comme ils disaient. Ces circonstances me portent à évaluer leur nombre à deux ou trois cents individus. Ils se donnaient pour des exilés de l'Égypte Mineure, et pour des gens habiles dans l'art de deviner. Mais, la chose examinée à fond, on reconnut que c'étaient des maîtres larrons et de vrais *gibiers de potence* (5).

---

(1) Walser copiant Guler, et voulant à toute force placer dans sa chronique d'Appenzell le passage de la chronique d'Helvétie, substitue ce fait banal à la venue des Bohémiens à Żurich.

(2) J'ai déjà remarqué comme un fait étonnant que cette grande horde ait passé à quinze lieues de Bâle, sans s'y faire connaître par quelques détachements.

(3) Tschudi.

(4) Je n'affirme rien, vu le plagiat évident de Specklin. Voyez la note de la page 27. — Je trouve bien encore dans un recueil de petits faits épars, placé à la fin des *Notices hist., statist. et littér. sur Strasbourg*, par Hermann (Strasbourg, 1819, 2 vol. in-8°, t. 2, p. 432), la phrase suivante : « En 1418, des Bohémiens, appelés en allemand *Zigeuner*, et dans quelques contrées *Heiden*, païens, arrivèrent pour la première fois en Alsace et aux environs de Strasbourg. » Mais l'auteur s'étant dispensé d'indiquer ses autorités, je dois croire cette indication puisée dans le *Collectanea* de Specklin, et l'accueillir avec la même défiance.

(5) *Annales Augstburgenses*, par Achil. Pirmin. Gassar (médecin à Augsbourg, né en 1505, mort en 1577), dans les *Script. rer. Germ. præcipue Saxon.*, de Joh. Bur. Menckenius, Lipsiæ, 1728-1730, in-fol., 3 vol., t. I, col. 1560-1561. — Deux auteurs allemands, Mart. Crusius (*Annales Suev.* Francof. 1595, in-fol., t. II, p. 346) et J. Lu-

Quelle fraction de la grande horde représentait cette bande ? cela est assez difficile à dire au juste. Cependant, comme nulle part, en quelque nombre que soient les Bohémiens, nous ne voyons paraître à leur tête plus de deux ducs, et comme nous rencontrons ces deux chefs à Augsbourg, je crois que *l'état-major* et le corps central de toute la horde se trouvaient là. Je suis amené en même temps à penser que le duc qui vint l'année suivante à Sisteron était l'un de ceux-ci. Je concevrais pourtant à la rigueur qu'un chef, de rang et de titre subalternes quand il était auprès des deux commandants supérieurs, prît le titre de duc lorsqu'il avait à commander une petite expédition. Je regarde donc ma seconde proposition comme moins certaine que la première. Mais du moment que je vois ensemble les deux ducs et plusieurs comtes, j'ai lieu de penser que ce n'est pas là un luxe de chefs illusoire.

Le petit nombre des bandes qui restèrent visibles pendant les années suivantes vient, du reste, à l'appui de ma seconde proposition, comme de la première. En sortant de la Suisse, la horde, si elle se composait réellement de quatorze cents individus, ne se partagea pas seulement en deux troupes ; elle dut bientôt se subdiviser. Il semble même que la plus grande partie de cette multitude se soit alors évanouie pour toujours, et que le noyau commandé par les deux ducs ait seul subsisté, tantôt réuni, tantôt divisé en deux détachements conduits chacun par un duc.

On avait cru jusqu'ici que les Bohémiens n'avaient point pénétré en France avant 1427 : un document curieux, récemment découvert par l'auteur d'une monographie historique consciencieusement faite(1), nous apprend cependant qu'ils parcouraient

---

dolf (*ad suam Hist. Æthiop. Comment.*, 1691, p. 214), ont donné des extraits du passage de Gassar qui nous intéresse. Ludolf paraît même avoir connu le manuscrit : «*Mss. extant in bibliot. Gotana,*» dit-il en note. Cependant tous deux ont lu 1419, là où je lis 1418. Je ne puis pas contrôler cette divergence, l'édition ou les deux éditions des *Annal. Augs.* qui existaient déjà du temps de Crusius et de Ludolf, et qui sont restées les seules avec celle-ci, étant devenues fort rares. Mais je dois remarquer que l'édition donnée par Mencken passe pour avoir été faite sur le manuscrit même. Or, ici on pourrait hésiter entre 1418 et 1430, l'annaliste ayant empiété, dans l'année 1418, sur les faits qui se rapportent à 1430 ; mais, je le répète, il est impossible d'y voir 1419.—Dans son extrait, Crusius a mis par erreur soixante-dix hommes au lieu de cinquante. Grellmann (pag. 213) et tous les auteurs modernes sur les Bohémiens n'ont connu que cet extrait, et ont reproduit l'erreur.

(1) *Histoire de Sisteron, tirée de ses archives*, etc., par Éd. de Laplane, in-8°, t. I, Digne, 1843.

le midi de la France huit ans plus tôt. Des Bohémiens , en effet, arrivèrent à Sisteron, en Provence, le 1ᵉʳ octobre 1419, sous le nom de Sarrasins (1). « Leur étrange visite, on le pense bien, ne fut pas sans inspirer des craintes. On ne voulut pas les recevoir dans la ville ; ils restèrent pendant deux jours, campés à la manière des gens de guerre , dans un pré, au quartier de la Baume, où on leur envoya des vivres, « suivant en cela, ajoute la délibération, « l'exemple des autres villes de Provence, par où ils avaient « passé. » Ils consommèrent dans un repas cent pains du poids de 20 onces, d'où l'on peut juger à peu près de leur nombre. Ceux qui parurent à Paris, en 1427, et qui, logés à La Chapelle, excitèrent si vivement la curiosité publique , n'étaient guère plus nombreux , puisque Pasquier ne les porte pas au delà de cent trente-deux personnes, y compris les femmes et les enfants. Comme la troupe de Paris, la nôtre avait des chevaux, et, pour la commander, un chef (un duc) à qui furent présentés les vivres (2). »

Trois ans se passent sans qu'à ma connaissance il soit question des Bohémiens dans l'Europe civilisée. Pendant ce temps , sans doute, la horde se fractionna en petites bandes , qui tantôt coururent inaperçues, tantôt vivotèrent dans quelques coins solitaires des Alpes et des Apennins. Mais bientôt une idée lumineuse s'empare de nos aventuriers : ils s'étaient donnés pour des pénitents ; il était dans leur rôle d'aller à Rome : ils avaient des

---

(1) Je suis persuadé que les Bohémiens ne se donnèrent pas ce nom eux-mêmes ; il leur fut appliqué par le peuple, pour lequel Sarrasins était synonyme d'Égyptiens, de Turcs, etc.

(2) *Hist. de Sisteron*, t. I, p. 261-262.—Voici le texte des registres cités dans cet ouvrage : « Quod, amore Dei, istis Sarracenis qui venerunt ad hanc civitatem Sistarici, et qui vagant per universum orbem, penitentia, ut de attento quod eleemosynam pecierunt a dicta universitate pro dando eis discessum ab hac civitate, racione mali quod faciunt, dentur eis de bonis universitatis ea que sequuntur , pro uno prandio, sic et aliæ universitates Provinciæ in quibus fuerint, fecerunt. Et primo, duas cupas vini puri, que valent quinque grossos, ad racionem IIIIᵒʳ alborum, pro qualibet cupa, monete albe, computando cartum pro tribus denariis. Item, centum panes, quemlibet unius pataci monete albe. Item, IIIIᵒʳ lessi mutonis. Item, IIIIᵒʳ eminas civate, que valent, secundum quod nunc venduntur, unum flor. albe monete, ad racionem trium denariorum pro carto. Precipientes clavario (trésorier) dicte universitatis quatenus ita faciat crastino die in prandio, et ista omnia faciat apportari ultra ad pratum Balme, ubi sunt ipsi lochati, more gencium armorum, et presententur quidam (sic) duci ipsorum qui est *proceles* (sic) inter eos, ex parte universitatis, amore Dei. » (1419.— 1ᵉʳ octobre. Regist. des délibérations)

lettres de protection de l'empereur ; pourquoi n'en auraient-ils pas du pape? D'ailleurs celles de l'empereur ne faisaient sans doute qu'un médiocre effet hors de l'Allemagne. Qu'était devenu le temps où toutes les villes et tous les châteaux s'ouvraient devant eux ? Et puis ces passe-ports commençaient à vieillir ; déjà nos gens ne s'en servaient plus ; dispersés qu'ils étaient, ils ne pouvaient même pas s'en servir. En cet état, ils auraient bien pu, à la vérité, mener assez paisiblement une vie de vagabonds ordinaires. Mais une occasion s'offrait à eux de faire encore une fois du bruit dans le monde, de se renouveler pour ainsi dire, et de reparaître aux yeux des populations civilisées, avec tout le prestige de ce baptême nouveau. L'idée était faite pour leur sourire, et elle fut presque aussitôt exécutée que conçue. Aller à Rome, voir le pape, bien plus, lui extorquer des lettres de protection, la chose est bizarre et en apparence difficile pour des Bohémiens : bizarre? raison de plus ; difficile? rien ne l'est pour ces gens-là.

Le 18 juillet 1422, on vit arriver à Bologne une troupe d'étrangers, au nombre de cent environ, y compris les femmes et les enfants. Ils se logèrent en dedans et en dehors de la porte *di Galiera*, et s'installèrent sous les arcades, à l'exception du duc qui logeait à *l'auberge du Roi*. Ce duc, nommé le duc André, est l'unique chef dont le chroniqueur fasse mention; il portait le titre de duc d'Égypte. Ce duc, ayant renié la foi chrétienne, le roi de Hongrie (1) s'était emparé de sa terre et de sa personne. Alors il avait dit au roi qu'il voulait retourner au christianisme, et il s'était fait baptiser avec environ quatre mille des siens (2) : ceux qui refusèrent le baptême furent mis à mort. Après que le roi de Hongrie les eut ainsi pris et rebaptisés, il leur enjoignit d'aller par le monde pendant sept ans, de se rendre à Rome auprès du pape, et puis de retourner dans leur pays. Quand ceux-ci arrivèrent à Bologne, il y avait cinq ans qu'ils couraient le monde (3), et il était mort plus de la moitié

(1) C'était l'empereur Sigismond qui était roi de Hongrie depuis 1392.

(2) Ce nombre concorde presque avec celui des Bohémiens qui, suivant M. Borrow, se fixèrent dans la Moldavie en 1417. Mais je crois que le hasard est pour beaucoup dans cette concordance. D'ailleurs, à Paris, en 1427, les Bohémiens dirent qu'ils étaient mille ou douze cents au départ.

(3) J'ai dit (p. 13-14) le cas qu'il faut faire de ce dire pris dans son sens absolu ; mais j'ai indiqué aussi (p. 19, note) toute la valeur que ce dire et celui des Bohémiens à Paris en 1427 tiraient de leur comparaison avec les dates des sauf-conduits de l'empereur

d'entre eux. Ils avaient un décret du roi de Hongrie, empereur, en vertu duquel ils pouvaient voler, pendant la durée de ces sept années, partout où ils iraient, et sans qu'il y eût lieu d'en faire justice (1). Pendant les quinze jours qu'ils restèrent à Bologne, beaucoup de monde allait les voir, à cause de la femme du duc qui, disait-on, savait deviner ce qui arriverait à une personne pendant sa vie, comme aussi ce qui l'intéressait dans le présent, combien elle aurait d'enfants, si telle femme était méchante ou bonne, et autres choses. Sur tout cela elle disait la vérité. Et, de ceux qui voulaient faire deviner leurs destinées, bien peu allaient les trouver, sans qu'on leur volât leur bourse, bien peu de femmes, sans qu'on leur coupât le pan de leur robe. Les *Zingare* vaguaient aussi dans la ville au nombre de sept ou huit ensemble; elles entraient dans les maisons des habitants, et, tandis qu'elles leur contaient des sornettes, quelqu'une d'elles s'emparait de ce qui était à sa portée. Elles visitaient de même les boutiques, sous prétexte d'acheter quelque chose, mais en réalité pour voler. Il se fit de cette façon beaucoup de larcins dans Bologne. Aussi cria-t-on par la ville que personne n'allât plus chez eux, sous peine de cinquante livres d'amende et d'excommunication. On permit même à ceux qui avaient été volés, de les voler à leur tour, jusqu'à concurrence de leurs pertes. Les Bohémiens, qui évidemment avaient beaucoup compté, et à juste titre, sur la longanimité de la justice italienne, n'avaient sans doute pas prévu cet expédient digne d'elle. Quoi qu'il en soit, plusieurs Bolonais se glissèrent, pendant la nuit, dans une écurie où se trouvaient quelques-uns de leurs chevaux, et prirent le plus beau. Nos gens, voulant ravoir leur cheval, convinrent alors de restituer bon nombre d'objets volés : ce qu'ils firent. Mais, voyant qu'il n'y avait plus rien à faire là, ils partirent, en se dirigeant vers Rome.

« Notez, ajoute le chroniqueur, que c'était la plus laide engeance qu'on eût jamais vue dans ces contrées. Ils étaient maigres et

---

et du pape ; ils prouvent l'authenticité de ces sauf-conduits, et ceux-ci nous serviront à prouver l'identité de la bande de Bohémiens qui parcourut l'Occident à cette époque.

(1) Il est plus que douteux que les passe-ports de l'empereur continssent une pareille clause; mais le chroniqueur ne les avait certainement pas vus. Les Bohémiens, qui ne les montraient pas à tout le monde, les commentaient à leur guise; et le peuple brodait sur le tout.

noirs , et mangeaient comme des pourceaux ; leurs femmes allaient en chemise , et portaient une *schiavina* (1) en sautoir (*ad armacollo*), des anneaux à leurs oreilles, et un long voile sur la tête. Une d'entre elles accoucha sur le marché , et, au bout de trois jours , elle alla rejoindre les siens (2). »

Forli était sur le chemin de Rome (à quinze lieues environ de Bologne, que les Bohémiens avaient quittée vers le 1er août), et nous les retrouvons devant cette ville le 7 août. Leur nombre s'était sans doute accru pendant leur lent trajet , car le chroniqueur de Forli l'évalue à deux cents. — Ces gens peu accommodants, dit-il, restèrent de çà et de là pendant deux jours comme des bêtes fauves et des larrons (3). Si l'on en juge par les expressions du chroniqueur, ils prétendaient traiter les Italiens d'égal à égal, et, se donnant pour un peuple envoyé par l'empereur, ils demandaient aux habitants de Forli une sorte d'alliance (4). Fra Geronimo ne nous apprend rien de plus sur eux , sinon que *quelques-uns disaient être de l'Inde.* Il ajoute qu'il y eut cette année-là grande peste et grande mortalité à Forli (5).

En quittant Forli, comme en quittant Bologne, les Bohémiens dirent qu'ils allaient à Rome, vers le pape ; et, en vérité , ils y allèrent. Il paraît même que ces habiles mécréants surent toucher le pontife : les nouvelles lettres de protection qu'ils montreront bientôt , en fournissent la preuve.

(1) Je trouve dans le dictionnaire : « Vêtement long de grosse toile, propre aux esclaves, et porté aussi par les pèlerins et les ermites. Se dit aussi des couvertures de lit faites du même tissu. » Vêtement ou couverture, pour des pèlerins, cela se ressemble déjà beaucoup ; pour des Bohémiens, c'est tout un. Je ne choisirai donc pas. Les vieilles gravures nous représentent en effet les Bohémiens, et surtout les Bohémiennes, enveloppés de longs et larges manteaux en forme de couverture, ou *vice versâ.* Quelquefois ces couvertures-manteaux sont rayées. —Voyez, entre autres, la gravure donnée par Munster.— Quant à l'épithète *ad armacollo*, elle signifie que les Bohémiens portaient alors la couverture, non en roulière, comme les représente la gravure en question, mais en draperie passée sous un bras et rejetée sur l'autre épaule. Le Bourgeois de Paris (voy. plus loin) nous dit précisément que les femmes portaient pour tout vêtement une chemise , et par-dessus une vieille couverture très-grosse , attachée sur l'épaule par un lien de drap ou de corde.

(2) *Chronica di Bologna, Rerum ital. scriptores,* t. XVIII, p. 611-612.

(3) Le texte porte *furentes*, des furieux ; mais je crois qu'il faut lire *furantes.*

(4) « ... Quædam gentes missæ ab imperatore, cupientes recipere fidem nostram.» —*Chronicon Forliviense*, ab an. 1397 ad an. 1433, autore fratre Hieronymo, Forliv., ordin. Prædic. : *Scrip. rerum ital.*, t. XIX, p. 890.

(5).Muratori fait le même rapprochement, et l'exprime d'une manière plus générale, dans ses *Annali d'Italia,* t. IX (1763), p. 89.

Le but du voyage, je l'ai fait pressentir, c'étaient ces fameuses lettres de protection. Aussi, dès qu'elle les eut obtenues, la troupe revint-elle sur ses pas. Nous allons la retrouver en Suisse, dans ce carrefour des nations civilisées, où les Bohémiens s'étaient déjà donné une fois rendez-vous, dans ce pays qu'ils affectionnaient sans doute aussi, à cause de ses retraites inhabitées.

En effet, dans la même année (1422), — nous ne savons pas la date précise, — on connut pour la première fois, à Bâle et dans le Wiesenthal (1), ce peuple étranger, rusé et fainéant, qu'on appelle *Zigeiner*. Le chroniqueur bâlois ne nous dit pas si la bande était nombreuse ; mais, en la voyant pourvue de cinquante chevaux, on doit penser qu'elle se composait de plusieurs centaines d'individus. Wurstisen ne mentionne cependant qu'un chef, et encore s'appelle-t-il autrement que le chef d'Italie : il s'appelle le duc Michel d'Égypte. Le duc André n'était-il que le commandant en second, et accompagnait-il ici le duc Michel, sans qu'il soit fait mention de lui ? La concision de notre chroniqueur ne nous permet pas de trancher cette question. Si les deux ducs n'étaient pas ensemble à Bâle, à coup sûr, du moins, ils avaient conféré ; à coup sûr le duc André avait transmis au duc Michel ses principaux pouvoirs, en même temps qu'une partie au moins des hommes de sa bande ; à coup sûr la bande remarquée à Bâle était la bande principale, car elle était munie des mêmes sauf-conduits impériaux qu'elle montrait déjà dans les villes hanséatiques, et aussi des sauf-conduits que le pape venait d'accorder. C'est à cause de ces sauf-conduits, ajoute Wurstisen, qu'on laissait passer ces vagabonds, quoiqu'au déplaisir des paysans. » — Ici, du reste, les Bohémiens adoptèrent une variante dans le récit relatif à leur origine et à leurs infortunes. Ils raconteront bien encore plus tard leur vieille histoire, dans les contrées qu'ils visiteront pour la première fois ; mais ici, tout près de Zurich, à deux pas de Baden en Argovie, cela pourrait ressembler à une répétition. Donc, ils disaient qu'ils étaient les descendants de ces Égyptiens qui refusèrent l'hospitalité à Joseph et à Marie, lorsqu'ils fuyaient en Égypte avec l'enfant Jésus, et qu'ils devaient à cette origine d'avoir été voués par Dieu à la misère (2).

---

(1) Viesentaig, *Viesentagiensis Comitatus*, dans la Souabe.

(2) Voyez Wurstisen, *Basler Chronick*, Bâle, 1580, in-fol., p. 240, ou Jean Grossius (qui copie Wurstisen), *Kurtze Bassler Chronick*, Bâle, 1624, pet. in-8°, p. 70.

Pendant cinq ans, le silence se fait encore autour de nous. C'est en 1427 seulement que nos gens reparaissent, et, cette fois, ils débarquèrent à Paris. Ils y arrivèrent au milieu du règne des Anglais et de la désolation de la France. Mais il faisait un temps magnifique, un vrai soleil d'Orient : si j'ajoute que « en ce bel aoust, on avoit le cent de bonnes prunes pour ung denier, et que nulles n'estoient verrouses, et de tout autre fruit largement, » on comprendra que jamais arrivée de Bohémiens ne se fit sous de meilleurs auspices.

« Le dimenche d'après la my-aoust, qui fut le dix-septiesme jour d'aoust ou dit an mil quatre cent vingt-sept, vindrent à Paris douze penanciers, comme ils disoient ; c'est à sçavoir ung duc et ung comte, et dix hommes tous à cheval ; et lesquels se disoient très bons chrestiens, et estoient de la Basse-Égypte, et encore disoient qu'ils avoient esté chrestiens autrefois, et n'avoit pas grand temps que les chrestiens les avoient subjugués et tout leur pays, et tous fait christianer, ou mourir ceux qui ne le vouloient estre ; ceux qui furent battisés furent signeurs du pays comme devant, et promisrent d'estre bons et loyaux, et de garder la foy de Jésus-Christ jusques à la mort ; et avoient roy et royne en leur pays qui demouroient en leur signorie, parce qu'ils furent chrestiennés.

« Item, vrai est, comme ils disoient, que après aucun temps (qu') ils avoient prins la foy chrestienne, les Sarrazins les vindrent assaillir ; quant ils se virent comme pou fermes en nostre foy, ... sans endurer guères la guerre, et sans faire leur devoir de leurs pays deffendre que très pou, se rendirent à leurs ennemys, et devindrent Sarrazins comme devant, et renoyèrent Nostre-Signeur.

« Item, il advint après, que les chrestiens, comme l'empereur d'Allemagne, le roy de Poullaine et autres signeurs, quant ils sorent qu'ils orent ainsi faulcement et sans grant peine laissée nostre foy, et qu'ils estoient devenus sitost Sarrazins et idolâtres, leur coururent sus, et les vainquirent tantost (facilement), comme s'ils cuidoient que on (les) laissast en leur pays, comme à l'autre fois, pour devenir chrestiens ; mais l'empereur et les autres signeurs, par deliberacion de conseil, dirent que jamais ne tenroient terre en leurs pays, se le pape ne le consentoit, et si convenoit que là allassent au Saint-Père, à Rome ; et là allèrent tous, petits et grands, à moult grant peine pour les enffents. Quant là furent, ils confessèrent en général leurs péchés. Quant le pape ot ouye leur confession, par grant deliberacion de conseil, leur donna en penance d'aller sept ans ensuivant parmi le monde, sans coucher en lict; et pour avoir aucun confort pour leur despense, ordonna, comme on disoit, que tout évesque et abbé portant crosse leur donroit pour une fois dix livres tournois; et leur bailla lettres faisant mencion de ce aux prélats d'église, et leur donna sa bencission, puis se departirent; et furent avant cinq ans par le monde qu'ils venissent à Paris. Et vindrent le dix-septiesme jour d'aoust l'an mil quatre cent vingt-sept, les doze devant dits. Et le jour Sainct-Jehan Decolace (29 aout) vint le commun, lequel on ne laissa point entrer dedens Paris, mais par justice furent logés à la Chapelle Sainct-Denis; et n'estoient point plus en tout, d'hommes, de femmes et d'enffents, de cent ou six vingts ou environ; et quant ils se partirent de leur pays, estoient mille ou doze cents, mais le remenant (le reste) estoit mort en la voye, et leur roy et leur royne; et ceux qui estoient en vie avoient espérance d'avoir encore des biens mondains, car le Sainct-Père leur avoit promis qu'il leur donneroit pays pour habiter, bon et fertile, mais qu'ils de bon cœur achevassent leur penance.

« Item, quant ils furent à la Chapelle, on ne vit oucques plus grant allée de gens à la beneission du Landit (1), que là alloit de Paris, de Sainct-Denis et d'entour Paris pour les voir. Et vrai est que les enffents d'iceux estoient tant babilles, fils et filles, que nuls plus (2); et le plus et presque tous avoient les deux oreilles percées, et chacune oreille ung anel d'argent, ou deux en chacune, et disoient que c'estoit gentillesse en leur pays.

« Item, les hommes estoient très noirs, les cheveux crespés, les plus laides femmes que on pust voir, et les plus noires; toutes avoient le visage de plaie (?), les cheveux noirs comme la queue d'ung cheval, pour toutes robbes une vieille flaussoie (3) très grosse, d'un lien de drap ou de corde liée sur l'espaulle, et dessous ung povre roquet ou chemise pour tous parements. Brief, c'estoient plus pouvres créatures que on vit oucques venir en France de

(1) La fameuse foire, dite foire du Landit, qui se tient encore tous les ans à Saint-Denis, s'ouvrait alors par une procession.

(2) Il paraît qu'ils faisaient des tours de force et d'adresse. C'est le plus ancien témoignage que nous ayons de ce genre d'industrie bohémienne.

(3) Couverture de lit; dans le Midi, *flassado*. C'est la *schiavina* de Bologne.

aage d'homme ; et , néanmoins leur pouvreté , en la compaignie avoit sorcières qui regardoient ès mains des gens, et disoient ce que advenu leur estoit ou à advenir, et mirent contans (querelles) en plusieurs mariaiges ; car elles disoient : *Ta femme, ta femme, ta femme t'a fait coux* ; ou à la femme : *Ton mari t'a fait coulpe.* Et qui pis estoit, en parlant aux créatures , par art magique ou autrement, ou par l'ennemi d'enfer, ou par entreget d'abilité , faisoient vuides les bourses aux gens ; et le mettoient en leur bourse , comme on disoit. Et vrayement j'y fus trois ou quatre fois pour parler à eux ; mais oncques ne m'aperceu d'ung denier de perte, et ne les vys regarder en main ; mais ainsi le disoit le peuple partout , tant que la nouvelle en vint à l'évesque de Paris , lequel y alla et mena avecques lui ung frère meneur, nommé le Petit Jacobin , lequel, par le commandement de l'évesque, fist là une belle prédication en excommuniant tous ceux et celles qui ce faisoient, et avoient cru et monstré leurs mains. Et convint qu'ils s'en allassent, et se partirent le jour Nostre-Dame en septembre (le 8 sept.) , et s'en allèrent vers Pontoise (1).

Après le récit que vient de nous faire le Bourgeois de Paris, les documents deviennent plus rares et surtout moins intéressants. Il ne me reste en effet, pour remplir la fin de cette période, que trois faits épars et de médiocre importance.

« Le cinquiesme jour du mois de jung 1430 , vindrent à Mets plusieurs Sarrazins du pays d'Égypte, qui se disoient estre baptisés ; et estoient bien en nombre de cent et cinquante, hommes que femmes et petits enffans : et , comme ils disoient, y avoit un duc et deux chevaliers : et estoient très laides gens (2). »

C'est en 1432 que les premiers Bohémiens se montrèrent à Erfurt (3).

Je ne doute guère que les Bohémiens n'eussent déjà visité la Bavière avant 1433. En 1418, en effet, ils étaient à Augsbourg qui touchait alors à ce pays , qui en fait partie maintenant ; et,

(1) *Journal d'un bourgeois de Paris.* Collect. Buchon, t. XL. — Pasquier, dans ses *Recherches de la France,* ayant fait connaître ce passage d'un auteur anonyme, avant que le *Journal d'un bourgeois de Paris* fût publié, on s'est habitué à le considérer comme sien, et ce sont les *Recherches de la France* que tout le monde cite au lieu de la Chronique.

(2) *Les Chroniques de la ville de Metz,* recueillies... par J. F. Huguenin, Metz, 1838, 1 vol. gr. in-8°, p. 169.

(3) Voyez *Excerpta Saxonica, Misnica et Thuringiaca ex Monachi Pirnensis seu vero nomine Johannis Linderi seu Tilliani onomastico autographo, quod extat*

durant les années suivantes, ils avaient erré dans les régions environnantes. En 1433 cependant, on y remarqua la venue de quelques-uns d'eux (1) ; mais le chroniqueur ne paraît pas les signaler comme des inconnus ; et je crois que Grellmann (page 211) a eu tort d'interpréter autrement son témoignage.

Avant de clore cette période, il est à propos de résumer le sens extérieur des faits qu'elle renferme. Si je ne m'abuse, ce qui a dû frapper le lecteur dans l'exposé de ces faits, c'est à la fois leur peu de gravité et leur visible enchaînement. Sans doute il en est que je ne connais pas, parmi ceux-là même dont les chroniqueurs ont fixé le souvenir ; mais, d'après ceux que nous connaissons, il est évident que les autres ne feraient que compléter notre récit, sans le troubler, que confirmer nos conclusions, loin de les détruire.

Quand on ne considérerait que l'ordre chronologique et géographique des apparitions bohémiennes, en observant le nombre des émigrants sur tous les points de leur route où l'on peut les saisir, on aurait déjà une forte raison de croire que les Bohémiens qui parcoururent l'Europe pendant cette période étaient

in bibliotheca senatoria Lipsiensi, dans les *Script. rerum german.* de Burchard Mencken, Lipsiæ, 1728-1730, in-fol., t. II, col. 1553.

(1) « Item, eodem anno (1433), Hungari peregrinati sunt ad Aquisgrani. » « Eodem etiam anno, venerunt ad terram nostram quidam de populo Ciganorum, vulgariter Cigewner nominati, qui dicebant sese esse de Egypto. » Andreæ Ratisb. et Joh. Schfrœti *Chronicon,* dans le *Corpus hist. medii œvi* d'Eccard, t. I, p. 2164.— Comment concilier ce texte précis, déjà précédé par un témoignage plus indirect, avec le passage d'Aventin *(Annales Boiorum),* où il est dit : « Eadem tempestate (vers 1438) ... Zigeni... nostras peragrare cœpere regiones » ? Je vois un double moyen de le faire : 1° Je sais bien que les *Annales Boiorum* passent tout simplement pour les *Annales de Bavière;* et en réalité, Aventin, qui était Bavarois, faisant pivoter la plupart des événements boïens autour du pays de ses princes, cette manière de traduction n'est pas tout à fait sans fondement. Cependant le contenu de cet ouvrage n'est pas si peu en rapport qu'on veut bien le dire avec son titre : *Boii,* en effet, si l'on prenait ce mot dans son sens le plus étroit, serait le vrai nom classique des Bohèmes, et non des Bavarois qui s'appelaient déjà depuis longtemps *Boiovarii* et *Ba warii;* pris *lato sensu,* il s'applique aux deux peuples, et même aux Autrichiens. Je suis donc persuadé que par *nostras regiones* Aventin entend ici la Bohème et l'Autriche proprement dite, aussi bien que la Bavière. 2° Les termes mêmes dont se sert Aventin démontrent qu'il s'agit ici, non pas du simple passage d'une petite bande, mais d'un commencement de prise de possession générale du pays par les Tsiganes. —Ces deux considérations me déterminent à interpréter le passage d'Aventin tout autrement que ne l'a fait Grellmann (pag. 211), et à réserver avec soin ce texte pour plus tard.

très-peu nombreux, et que ce fut la même bande, quelquefois fractionnée, qui visita tous les lieux où nous avons reconnu leur présence. Mais ce qui change cette présomption en certitude, ce sont les fameux passe-ports dont nos gens étaient munis. En quatre endroits sur dix ou douze, et cela dans un espace de dix ans, les chroniqueurs prennent le soin de nous dire que les Bohémiens portaient des lettres de protection, et ces lettres de protection dont la sincérité n'est pas douteuse, sont partout les mêmes : les lettres de l'empereur, quand elles vieillissent, sont remplacées par des lettres du pape; et ces deux pièces servent successivement de texte aux Bohémiens sur lesquels nous avons le plus de détails, pour fixer d'une manière différente, dans leurs récits, l'époque où commença leur migration.—Quand, à l'aide de pareils rapprochements, nous reconnaissons ainsi les mêmes Bohémiens dans tous les lieux et à tous les moments, comment supposer qu'il y en avait alors des multitudes en Europe? Plus on retourne les textes, plus on compare les moindres circonstances et les particularités de tout genre qu'ils révèlent, plus le contraire devient évident. Il est à regretter sans doute que partout on ne nous donne pas le nom du duc ou des ducs, et même de tous les chefs : ces noms nous fourniraient de nouvelles preuves de l'identité de la colonne voyageuse, et de plus nous permettraient de préciser davantage les mouvements de séparation et de jonction des bandes qui la composaient. Ces noms toutefois ne pourraient être qu'un élément de comparaison secondaire, et j'aime bien mieux nos passe-ports. En effet, un chef ou même plusieurs pouvaient mourir dans le trajet ; sans cela même, de nouveaux chefs, voire un nouveau duc, pouvaient être créés (1); nous serions peut-être ainsi plutôt induits en erreur qu'éclairés. N'ayons donc point trop de regrets. D'ailleurs le peu que nous savons sur ces chefs n'a rien que de très-concordant : nous savons qu'il y avait deux

---

(1) Je ne me suis pas expliqué et ne veux pas encore m'expliquer longuement sur ces chefs : j'aurai à parler ailleurs spécialement d'eux et de beaucoup de choses déjà nommées ici. Cependant, comme l'incertitude du lecteur sera sans doute éveillée sur la qualité de ces ducs, de ces comtes et de ces chevaliers, je dois dire en peu de mots ce que j'en pense. A coup sûr, les Bohémiens n'avaient pas de ducs et de comtes, ni même de woïwodes, avant de paraître dans les pays où il existe des dignitaires connus sous ces noms. Mais il est évident qu'à l'époque la plus reculée où cette espèce de peuple eut une existence à part, errante ou non, il dut avoir aussi des chefs qui lui

ducs, et les noms de deux ducs nous sont donnés séparément. Il est seulement fâcheux qu'ils ne nous aient pas été donnés aussi conjointement.

Pour moi, je suis persuadé que tout ce qu'il y avait de Bohémiens dans l'Europe occidentale, à cette époque, se réduisait à une troupe de six à quatorze cents individus; laquelle, après avoir visité les villes hanséatiques à la fin de 1417, se répandit, pendant les mois suivants, dans la Misnie, dans le Leipzig et dans la Hesse, y rejoignit peut-être quelques détachements qu'elle avait pu laisser sur sa longue route anguleuse à travers l'Allemagne, et, au milieu de 1418, parut en Suisse au complet; qui alors se divisa, et en grande partie se dispersa, gardant toutefois un centre et un noyau qui se montra la même année à Augsbourg, et dont une fraction au moins vint à Sisteron en 1419; qui, silencieuse et invisible, c'est-à-dire prudente et plus disséminée que jamais, pendant trois ans, prit rendez-vous en 1422; alla pour lors à Rome ou y envoya un fort détachement, et reparut aussitôt à Bâle, plus nombreuse qu'on ne l'avait vue depuis sa grande réunion en Suisse et portant ses nouveaux passe-ports avec triomphe; qui enfin, diminuée de tout ce que les persécutions avaient fait périr, et surtout des petits détachements que par prudence elle avait laissés à droite et à gauche, continua, pendant quelques années, d'explorer nos

fussent propres. Voilà pour le fond. Quant à la forme, elle était subordonnée aux circonstances locales. L'esprit d'imitation des Bohémiens, et leur servilité, affectée ou réelle, mais extrême, aux usages extérieurs des pays qu'ils habitent, se manifestaient en cela comme en toutes choses. Leurs chefs supérieurs prirent le titre de woïwodes en Valaquie et en Moldavie, celui de ducs, de comtes, de rois même, et beaucoup d'autres dans l'Occident. Du reste, s'il est vrai de dire que leurs quartiers de noblesse eussent été difficiles à compter, il n'en est pas moins certain que ces chefs avaient une autorité réelle et permanente; ce n'étaient point des rois de théâtre et des marquis de carnaval, jouant leur rôle chacun son tour. Il ne serait pas impossible, à la vérité, qu'à cette époque, des chefs de même rang, comme nos deux ducs, eussent exercé le pouvoir suprême alternativement, chacun ayant, par exemple, son trimestre de commandement; mais cela n'infirmerait en rien le caractère de leur dignité.— L'autorité des chefs bohémiens a même été reconnue dans plusieurs pays, tels que la Hongrie, la Moldavie et la Valaquie, par le pouvoir politique et administratif avec lequel ils avaient des rapports officiels, et devant lequel ils répondaient des actions de leur caste. J'ajouterai, pour preuve de l'importance qu'ils gardaient pendant toute leur vie, que leurs titres les accompagnaient jusqu'à la tombe: on a en effet retrouvé en Allemagne les étranges épitaphes de plusieurs comtes bohémiens du quinzième siècle.

pays en une ou deux bandes de cent trente à cent cinquante individus.

Pour satisfaire à cette série de fractionnements, le nombre de Bohémiens que nous avons trouvé au début, c'est-à-dire dans les villes hanséatiques, suffirait, comme on le voit. Et mon plus grand, mon seul embarras, est d'obtenir en Suisse un total de quatorze cents individus, en réunissant tous ceux que j'ai rencontrés ailleurs. Je dois rester dans le doute à cet endroit, et voilà pourquoi j'ai parlé tout à l'heure d'une troupe de six cents à quatorze cents (1). Ce chiffre a, du reste, peu d'importance dans la thèse que je soutiens. Qu'il soit de six cents ou de quatorze cents, il est évident que ce n'est pas là ce qu'on peut appeler l'apparition et la diffusion des Bohémiens dans le nord et l'occident de l'Europe. Pour se fixer sur ce point, il suffit de savoir que l'Espagne à elle seule, en contient, dit-on, une quarantaine de mille.

Que les Bohémiens se soient réunis en Suisse au nombre de six cents ou de quatorze cents, les autres faits n'en subsistent pas moins, et tous les faits dans leur ensemble ne s'en expliquent pas moins bien. La bande principale reste toujours ce que nous l'avons vue, soit réunie, soit divisée en deux fractions. Pour arriver au chiffre de quatorze cents, il faut seulement supposer qu'habituellement elle laissait à quelque distance d'elle ou envoyait courir au loin un plus grand nombre de petits détachements, qui ne se montraient guère dans les villes, n'ayant pas, pour se faire bien accueillir, les mêmes titres que la grande bande.

En somme, le mystère n'est pas là ; c'est tout à l'heure que nous le rencontrerons. Quant à présent, nous devons plutôt nous étonner de l'enchaînement et de la clarté qui règnent dans les documents de cette période.

Troisième période.

Le jour où de nouveaux Bohémiens arrivèrent dans l'Europe occidentale, évidemment ceux qui s'y trouvaient déjà ne disparurent point pour cela. Au commencement donc de cette

---

(1) Les Bohémiens qui vinrent à Paris, dirent qu'ils étaient mille ou douze cents au départ, et qu'eux seuls restaient de la bande. Mais il ne faut guère s'en rapporter à cette parole dite en l'air ; la preuve, c'est qu'à Bologne, ils avaient donné un chiffre différent, le chiffre de quatre mille. Voyez ma note 2 de la page 37.

période, il y a au moins autant de raisons pour rattacher aux premiers Bohémiens qu'aux nouveaux venus, les bandes encore peu nombreuses qu'on rencontre sur les points les plus occidentaux de cette région. Mais déjà il est difficile de les distinguer sûrement, et en tout cas il serait assez inutile de le faire. Nous n'accompagnerons donc plus nos gens pas à pas, et à la vérité, les documents tout à fait incomplets qui nous restent à faire connaître ne nous le permettraient point.

Le commencement de cette nouvelle période nous est marqué par un document dont Grellmann n'a point entrevu la portée, dont il n'a pas même bien compris le sens littéral.

En 1438, on vit arriver, non-seulement dans la Bavière où quelques-uns des premiers s'étaient déjà montrés, mais aussi dans la Bohême et dans l'Autriche occidentale, des Bohémiens conduits non plus par un duc ou un comte, mais bien mieux, par un roi, un petit roi, comme disent quelques auteurs, le roi Zindl (1).

Il est permis d'induire des termes vagues et très-compréhensifs employés par Aventin, qu'il ne s'agit plus ici de la simple visite d'une bande plus ou moins nombreuse ; suivant toute apparence, ce fut un commencement d'invasion générale. Quelques mots de l'annaliste indiquent aussi, ce dont il n'y a pas à douter du reste, que ces Tsiganes venaient tout droit de la Hongrie et de la Turquie. Comme les premiers Bohémiens, ils se disaient d'Égypte ; mais touchant leur départ de ce pays, ils se contentaient de l'explication banale que leurs confrères avaient déjà donnée à Bâle (2).

(1) Aventin, en allongeant de trois syllabes ce nom indien pour en faire un ablatif latin, ne nous a cependant pas laissé de doute sur sa forme pure. On lit en marge du passage que je rapporte ci-dessous : « *Zingeri. Cilices. Zigeiner.* ZINDL *der Zeigeiner Kunig.* »

(2) « Eadem tempestate (1438), furacissimum illud genus hominum, colluvies atque sentina variarum gentium, quæ in confinio imperii Turcarum atque Ungariæ habitant, (Zigenos appellamus), rege Zindelone, nostras peragrare cœpere regiones. Furto, rapina, divinationibus impune prorsus victum quæritant. Ex Egypto se esse mentiuntur ; extorresque domo, a superis cogi se majorum delicta, qui Deiparam Virginem cum puero Jesu hospitio excipere recusarint, septem annorum exilio expiare, imprudentissime confingunt. Experimentis cognovi... » *Annales Boiorum,* par Turmeyer, plus connu sous le nom d'Aventin. — Voyez, sur ce document, la note de ma page 44. J'y ajouterai qu'Aventin était né à Albensperg (Bavière) en 1476, et qu'il mourut le 9 janvier 1534. — L'expression *eadem tempestate* m'a semblé se rapporter à l'année 1438,

C'est en 1447, seulement, que des Bohémiens entrèrent en Espagne, au moins par l'extrémité orientale des Pyrénées. Le 11 juin de cette année, il en arriva dans Barcelone une nombreuse bande, qui de là, dit le chroniqueur, se répandit à travers l'Espagne (1). Il est certain qu'en 1492 un édit de bannissement fut porté contre eux dans ce pays.

Le 12 décembre de la même année (1447), cent vingt de ces Sarrasins vinrent demander à l'hôtel de ville d'Orléans « que on « leur donnât l'ausmône à passer pays (2). »

Le mercredi 7 novembre 1453, soixante à quatre-vingts Bohémiens se présentèrent devant la ville de la Cheppe (à trois ou quatre lieues de Châlons-sur-Marne), « en entencion de y estre logiez. » Ce qu'il y a surtout de remarquable dans cette visite, c'est que parmi eux « y en avoient aucuns qui portoient javelines, dars et autres habillements de guerre. » Cette circons-

---

tandis que Grellmann (p. 211) a compris 1439. La forme des chroniques autorise assez souvent de pareilles divergences; celle-ci a peu d'importance. Spondanus, dont j'ai déjà rectifié plus haut (voyez la note, p. 27.) une erreur de citation, a vu ici 1440.

(1) 1447. « A 11 de junio entraron en Barcelona un ducque, un conde, y grande multitud de Egipcios, a quienes clamavan Gitanos, retirando se de aquella provincia ocupada de Mahometanos para conservar la Fe : dividieron se por España, y destos descienden los Gitanos. » *Annales de Cataluna*... jusqu'à l'an 1709, par don Narciso Feliu de la Peña y Farell, cavallero del orden de Santiago. Barcelona, 1709, t. II, p. 483.—Je dois la première connaissance de ce passage, d'autant plus précieux pour moi, qu'il est le seul jusqu'ici que je connaisse sur l'apparition des Bohémiens en Espagne, à l'obligeance de M. Henry, de Perpignan, auteur d'une histoire du Roussillon et d'un petit travail sur les Gitanos, que j'aurai à citer ailleurs.

(2) 12 décembre 1447.— « Par commandement du lieutenant général de Mgr le gouverneur d'Orléans, aulx Sarrazins qui passoient par ladite ville d'Orléans, qui estoient environ vi vingt, que hommes, femmes et enffants, disant aller par toute la chrétienté, faisans leur pénitence que le pape leur avoit en chargé, lesquels vindrent en l'ostel de ville demander que on leur donnât l'ausmône à passer pays.....
iv livres viii *P.* » *Comptes de la commune*, conservés à la bibliothèque publique d'Orléans.— Tout en remerciant M. Lottin de l'empressement qu'il a bien voulu mettre à chercher avec moi dans la bibliothèque d'Orléans cette pièce originale, je lui ferai remarquer qu'il a commis une erreur dans le passage de ses *Recherches histor. sur la ville d'Orléans* (Orléans, 1836, in-8°, t. I, p. 300), où il donne la substance de cette pièce, en ajoutant le nom de Nicolas V au mot *pape*, qui s'y trouve. Nicolas V ne portait la tiare que depuis le commencement de l'année; et quand les Bohémiens ont vaguement parlé du pape, ce n'est pas à celui-ci qu'ils pensaient.—La chronique orléanaise de M. Lottin contient, sous les années 1499 et 1501 (p. 347 et 350), deux autres faits, dont le second au moins pourrait bien se rapporter à des Bohémiens. J'aurais voulu voir les pièces originales pour tâcher de m'en assurer.

tancé n'était peut-être pas toute nouvelle cependant ; peu de temps auparavant, « aucuns de la dite compagnie ou *autres semblables* avoient esté logiez illec, et y avoient fait plusieurs maulx, en desrobant.... » C'est pourquoi le procureur royal de la ville refusa de les recevoir, disant « qu'il y avoit plusieurs villes voisines, les aucunes à une lieue et les autres à moins, esquelles ils n'avoient pas esté logiez, et qu'ils y allassent, se bon leur sembloit. » La pièce d'où nous extrayons ces détails nous en fournit d'autres non moins curieux : en la lisant, on entendra le bruit que fait la bande en entrant dans le bourg ; on verra les manants sortir de leurs maisons avec leurs épieux et leurs arcs ; on remarquera les insistances et le ton impérieux de ces Égyptiens, dont l'un ne craint pas de s'appeler Martin de la Barre, et qui, forcés de se retirer, veulent s'en venger sur deux habitants qui les suivent hors de la ville. Enfin le roi de France lui-même répète, sans le démentir formellement, ce bruit public que lesdits Égyptiens étaient en sa sauvegarde, et avaient lettres de congé pour passer et repasser dans son royaume (1).

Un document du même genre nous apprend qu'il y avait en

(1) *Lettres de rémission pour Meugin Gineval :* « Charles, etc. Savoir faisons à tous présens et avenir, Nous avoir receu humble supplicacion de Meugin Gineval, contenant que le mercredi devant la feste Saint-Martin d'iver derrenièrement passé, environ heure de prime, plusieurs Égiptiens vulgaument nommez Sarrazins, qui avoient esté logiez en la ville de Courtisolt, arrivèrent à l'entrée de la ville de la Cheppe en entencion de y estre logiez ; entre lesquels en y avoit aucuns qui portoient javelines, dars et autres habillemens de guerre. Et s'efforcèrent par parolles de vouloir logier en icelle ville, tant ceulx qui estoient venuz premiers, estans environ dix ou douze, comme plusieurs autres de leur compaignie qui venoient après, faisans en tout jusques au nombre de soixante à quatre vins personnes ou environ. A la venue desquels se assemblèrent aucuns des manans et habitans de ladite ville de Cheppe l'un après l'autre, deux à deux, trois à trois, ainsi qu'ilz oirent le bruit de ladite venue. Et pour ce que ledit bruit estoit grant et que lesdis habitans vouloient bien obvier que lesdis Égiptiens ne logassent en ladite ville, aucuns, en saillant de leurs maisons, prindrent leurs espietz, picques et autres bastons qu'ilz ont accoustumé porter, quant ilz vont aux champs, et les autres les ars de quoy ilz se esbatent aux festes et dimenches pour tirer aux butes avecques les francs archiers de ladite ville et autres villes voisines. Et incontinent que lesdits Égiptiens furent arrivez, et qu'ilz s'efforcèrent de logier comme dit est, par Jehan le Nobertier, procureur commis de par nous en ladite ville, leur fut (sic) et remonstré que, n'y avoit pas longtemps, ilz ou aucuns de ladite compagnie ou autres semblables avoient esté logiez illec, et y avoient fait plusieurs maulx en desrobant, tant par les hommes comme par les femmes et enfans grans et moyens, vivres, argent et bourse et autres meubles, et toutes autres choses portatives qu'ilz pourrent trouver ; disoit aussi ledit procureur qu'il y avoit plusieurs villes voisines, les aucu-

1467 des Sarrasins ou *Boesmiens* établis dans le pays de Fonte-noys (1), sur les confins de la Bourgogne, du Lyonnais et de la Bresse (2).

nes à une lieue et les autres à moins, esquelles ilz n'avoient pas esté logiez, et qu'ilz y allassent se bon leur sembloit; et néantmoins on leur donroit des vivres de ladite ville de la Cheppe, pour eulx et leurs chevaulx, et leur feroit-on des biens, tant qu'ilz deveroient estre contens. Mais ce nonobstant, les dits Égiptiens persistèrent tousjours en leur propos de vouloir logier en ladicte ville, et y eust pluseurs paroles injurieuses et haultaines dictes et proférées d'une part et d'autre et ung cop frappé par l'un des-diz habitans sur ung dart ou petite javeline que tenoit l'un desdis Égiptiens, lequel avoit fait semblant de le vouloir ruer sur l'un desdiz habitans, comme on disoit. Et quant lesdiz Égiptiens virent que ce n'estoit pas le plaisir desdiz habitans qu'ilz feus-sent logiez en ladite ville, s'en retournèrent; et apres eulx alèrent ledit suppliant et ung nommé Jehan Cryon, environ ung traict d'arc ou deux outre le lieu où estoient lesdiz habitans; et, en alant, eurent lesdis Égiptiens et ledit suppliant plusieurs rigoreu-ses parolles les ungs avecques les autres, mesmement à ung nommé Martin de la Barre, et tellement que ledit Martin s'efforça frapper ledit suppliant d'une javeline qu'il avoit, à quoi ledit suppliant résista, et, en frappant sur ladite javeline, destorna que le-dit Martin ne le pot frapper; et lors ledit Martin vira son cheval en voulant de re-chief frapper ledit suppliant, lequel suppliant par temptacion de l'ennemy, par cha-leur et de chaude cole, et en soy deffendant, frappa ledit Martin de la Barre ung cop d'un espié à l'estomac, duquel cop ledit Martin assez tost après ala de vie à trespas-sement. Et ce veant ledit suppliant, et pour doubte et rigueur de justice, et que l'en veut dire que lesdis Égiptiens estoient en nostre sauvegarde et avoient lettres de congié de passer et rappasser par nostre royaulme, il est absent de notredit royaume, ou quel il n'oseroit retourner, se nostre grace et miséricorde ne lui estoient sur ce impartiz, si comme il dit, en nous requerant humblement que, ces choses considé-rées, ... et que en ceste partie ledit suppliant ne feust aggresseur, mais fut ledit Martin..... Pour ce..... quictons, remectons et pardonnons le fait et cas dessus-dit avec toute paine, offense et amende corporelle, criminelle et civile, en quoy, pour cause et occasion dudit cas, il peut estre encouru envers nous et justice, et le resti-tuons à sa bonne fame et renommée, au pays et à ses biens non confisquez, sa-tisfaction faicte à partie, civilement tant seulement, se faicte n'est... Si donnons en mandement par ces présentes à nostre bailli de Vermendois et à tous noz autres justiciers et officiers, etc..... Donné à Paris ou mois de décembre l'an de grace mil cccc cinquante trois, et de nostre règne le xxxiie. *Ainsi signé :* Par le conseil. J. De-badouiller. *Visa. Contentor.* Valengelier. » — *Archives du royaume,* J, reg. 184, charte 376.

(1) Ce Fontenay est situé à une lieue et demie de Charolles (Saône-et-Loire).

(2) Voyez Lettres de rémission accordées, en juillet 1467, à Pierre Guillot : *Archives du roy.,* J, reg. 200, ch. 28. — Il n'y est question des Bohémiens qu'incidemment. Guillot avait imploré la grâce du roi, pour avoir tué une sorcière qui, suivant toute apparence, avait empoisonné le fils du suppliant; et, dans l'exposé des faits qui motivent sa supplique, il énonce « qu'il y avoit des Sarrazins ou Boesmiens ou pays, qui lui avoient dit qu'il y avoit de ses voisins qui avoient fait mourir ceste présente année quatre de ses enffans. » — Cette pièce et la précédente sont indiquées dans le *Gloss.* de du Cange, *Supplém.,* au mot *Sarraceni.*

Enfin, des Bohémiens reparurent à Sisteron en 1457, 1601 et 1616. En 1457, on leur donna encore l'aumône, comme en 1419, pour l'amour de Dieu ; en 1601, pour les engager à passer outre ; mais en 1616, on leur donna congé purement et simplement, en exécution d'un arrêt du parlement de Provence (1).

Avant l'arrêt du parlement de Provence, les Bohémiens avaient été bannis du royaume par diverses ordonnances royales, dont les plus anciennes sont, je crois, de 1539 et 1560 ; ils avaient été bannis en particulier de la république de Strasbourg par un arrêt du sénat en date de 1522 (2), et de la Lorraine, par des ordonnances ducales de 1534, 1541, etc. (3) ; enfin les états généraux du royaume de Navarre avaient sévi contre eux dès 1538 et 1555 (4).

Les faits épars que je viens de rapporter et les circonstances qui les accompagnent, comme aussi les dates des premières rigueurs exercées contre les Bohémiens, indiquent assez que, dans notre pays du moins, ces nomades s'établirent successivement et lentement. Tout incomplets qu'ils sont, les faits qui suivent, joints à ceux que nous connaissons déjà, donnent à penser qu'il en fut de même dans tout l'Occident.

---

(1) Un florin donné, pour l'amour de Dieu, *Boemianis ut citius recederent.* (Compte du clavaire. 1457).—En 1601, les Bohémiens reparurent à Sisteron, au moment où on célébrait à la Baume le jubilé séculaire de l'an 1600. La ville leur fit remettre deux écus pour les engager à passer outre, « de peur, dit le compte du trésorier, qu'ils ne don-« nassent trouble au peuple allant au pardon envoyé par Sa Sainteté au couvent des « frères Prescheurs de la Baulme. » — Enfin, nous lisons dans une délibération du 11 avril 1616 : « Que les Égitiens appelez Baumianz sont arrivez au lieu de la Baulme, « lez présante ville. Le capitaine d'iceulx est entré dans icelle, mesme dans la présante « maison, et exhibé la commission qu'il a du roy et aultres certificats d'où il a passé « avec sa compaignie, et demandé permission de louger audict la Baulme pour troys « jours, suyvant la coustume, requérant l'assemblée sur ce délibérer. Laquelle assem-« blée, aprez avoyr (ouï) la lecture de ladite commission, et par l'arrêt donné par la « court de parlement du présant pays, le troysième aoust mil six cent quatorze, contre « lesdictz Baumianz, contenant de vuyder le pays... a conclud et dellibéré, suivant « ledict arrest, de donner congé aulx susdictz Baumianz pour s'en aller, sans laisser « louger audit la Baulme ne ailheurz de la présante ville. » (Reg. des délibér.) Note de M. Laplane, *Hist. de Sisteron*, à l'endroit cité.

(2) Archives de Strasbourg.

(3) Voyez *Diction. histor. des ordon. et des tribunaux de Lorraine*, au mot *Vagabond*.

(4) Règlements et délib. de ces états, cités dans le règlement de 1715. Archives de la préfecture de Pau : *Règlements et délib. des États de Navarre*, vol. 4 actuel (1710-1730), p. 199.

Le conseil de la ville de Genève eut aussi à s'occuper des Bohémiens, vers la fin du quinzième siècle et dans le seizième (1). Les documents prouvent qu'ils étaient alors dans la Suisse en assez grand nombre et dans un état singulier d'hostilité contre le pouvoir local (2).

Pour ce qui regarde l'empire d'Allemagne, il paraît que c'est en 1500 qu'une mesure générale y fut prise pour la première fois contre les Bohémiens (3).

Il me reste à jeter un coup d'œil sur l'apparition des Bohémiens dans quelques grands pays où nous ne les avons pas encore vus.

Il est évident que les Bohémiens ne durent pas se répandre dans l'Angleterre, avant de se trouver en nombre notable dans le nord de la France, c'est-à-dire avant 1440 ou 1450, au plus tôt. Il est certain d'autre part qu'ils étaient établis dans ce pays en 1531; car, cette année-là, une ordonnance du gouvernement anglais parut contre eux (4). Mais nous ne savons rien de plus positif. A ma connaissance, aucun document ne signale l'apparition des Bohémiens dans ce pays, si voisin de la France, et l'un des plus civilisés au quinzième siècle.

C'est dans les premières années de l'administration de Sténon-Struve, c'est-à-dire vers 1513 ou 1514, que les Tsiganes commencèrent à se montrer en Suède (5).

L'époque de l'apparition des Bohémiens en Pologne et en Li-

---

(1) 7 octobre 1477. « Sarrasins; ordonné qu'on parle au châtelain pour les faire sortir de la ville. » — 30 mai 1514. « Sarrasins, faisant une infinité de maux, chassés et bannis. » — 18 décembre 1532. « Certains larrons Bohémiens, qui se nomment Égyptiens, au nombre de plus de 300, tant hommes que femmes et qu'enfans, frappent à Plainpalais les officiers qui leur défendoient d'entrer dans la ville; les citoyens accourent au secours de leurs officiers; les Bohémiens se retirent au couvent des Augustins et s'y fortifient pour se défendre; les bourgeois les veulent piller, mais la justice l'empêche qui en prend une vingtaine; ils demandent pardon et on les renvoye. » *Fragments hist. sur Genève de 1409 à 1536, tirés textuellement d'un ancien extrait des registres latins du conseil de cette ville,* (par Grenus-Saladin). Genève, septembre 1823, 1 vol. gr. in-8°, p. 51, 102 et 177.

(2) Voy. aussi, dans le même recueil, p. 178, note 56, des arrêtés pris par le conseil en janvier 1613, en juin et juillet 1665.

(3) Voyez Grellmann, p. 184-185.

(4) Voyez Grell., pag. 182.

(5) Immédiatement après la mention de l'élévation de Sténon, vient le passage suivant: « Sub cujus regimine, illi Sueciam agyrtæ ac circumforanei primum ingressi Zigani, vulgo Tartari hodierno nuncupati. » Joh. Messenii *Scondia illustrata seu Chronologia de rebus Scandiæ,* etc. Stockholmiæ, 1700, in-fol., p. 72.

thuanie n'est pas, je crois, bien connue. Les actes publics de ce pays ne les mentionnent qu'en 1501, et il paraît qu'on n'a aucun document antérieur sur eux. Il ne résulte pas de là, directement, que les Bohémiens ne fussent pas entrés en Pologne quelque cinquante ans auparavant. Si cependant il est vrai que Sigismond 1er, qui monta sur le trône de Pologne en 1506, leur ait donné des passe-ports (1), et que ce roi et son successeur Sigismond-Auguste (1548-1572) les aient protégés, je suis tout disposé à admettre avec Czacki, que c'est seulement vers 1501 qu'ils se répandirent dans ce pays (2); car c'est déjà un temps énorme pour des Bohémiens qu'un demi-siècle environ passé en bonne intelligence avec un peuple civilisé.

Quant à la Russie, je suis malheureusement forcé de la laisser de côté, n'ayant pu trouver jusqu'ici aucun document sur l'apparition des Bohémiens dans cette moitié de l'Europe (3). Il paraît naturel de supposer, à la vérité, que le midi de la Russie, qui touche à la Moldavie et aux premiers pays visités par les Bohémiens, dut les connaître de bonne heure. Si, dès le principe, une portion au moins de ce peuple errant aborda l'Europe par le nord de la mer Noire, il faudrait même dire que leur première visite fut pour le midi de la Russie; mais j'ai déjà donné à entendre qu'il semblait en avoir été autrement. N'oublions pas non plus que la bande de Bohémiens qui parcourut l'Occident de 1417 à 1438 était isolée, et que la masse était alors arrêtée dans l'Orient, soit en deçà de la mer Noire, soit au delà.

(1) Je crains un peu que Czacki ne confonde ici le roi de Pologne avec l'empereur Sigismond, dont les Bohémiens avaient obtenu des passe-ports en 1417.

(2) « Il semble que c'est du temps d'Alexandre (grand-duc de Lithuanie, devenu roi de Pologne en 1501), qu'ils sont venus de Valachie en Pologne. Car c'est en 1501 que, pour la première fois, nous apercevons dans les pièces authentiques le nom de *Cygani*..... Notre roi, Sigismond 1er, les a soutenus en leur donnant des passe-ports... En Pologne, du temps de Sigismond-Auguste, ils n'étaient pas persécutés, et les passe-ports de Sigismond 1er, dont nous avons parlé, prouvent que le gouvernement les protégeait. » Tad. Czacki, *O Litewskich i Polskich Prawach* (la Législation lithuanienne et polonaise), Warsovie, 1800, in-4°, t. I, note 1116, p. 238-239.—On ne fut pas toujours si bienveillant pour eux dans ce pays; cependant ils y furent toujours moins maltraités qu'en Allemagne, où l'on prenait déjà contre eux des mesures de persécution générale, à l'époque où ils trouvaient en Pologne un si bon accueil. Il est naturel de supposer qu'il dut alors en émigrer un grand nombre d'Allemagne en Pologne.

(3) Je dois avouer que je n'ai pas encore parfaitement cherché. Il me reste à connaître quelques travaux russes et polonais que je n'ai pu me procurer jusqu'ici.

La Russie, d'ailleurs, piquait moins la curiosité des premiers Bohémiens que les pays civilisés de l'Occident.

Si nous considérons maintenant les faits qui précèdent, et en particulier ceux que renferme cette dernière période, nous reconnaîtrons que l'établissement des Bohémiens en chaque pays, en chaque province, eut comme trois phases marquées par trois espèces différentes de documents.—Les premiers Bohémiens qui apparaissent sont signalés par les chroniqueurs.—Ensuite, les faits, n'ayant plus un caractère de nouveauté et n'ayant toujours pas un caractère subit de généralité, tombent et restent dans le domaine des actes administratifs; les registres municipaux nous apprennent alors, par hasard, qu'une bande de nos nomades a passé tel jour en tel endroit.—Enfin, quand cette race commence à se répandre, et que ses mœurs sont plus connues, quand les nations ont eu le temps de voir en elle une sorte de fléau menaçant, c'est la chancellerie royale, ce sont les parlements et les justices qui s'émeuvent, et qui viennent en aide au pouvoir administratif des villes, des seigneurs et du gouvernement central, pour chercher un remède général à un mal qui commence à devenir général aussi. Les conciles mêmes s'en préoccupent.

A une exception près, je n'ai eu à puiser que dans les chroniques pour composer ma seconde période.

Dans la dernière, au contraire, nos trois espèces de documents se trouvent réunis; et j'ai mis d'autant moins d'ardeur à les chercher et à les recueillir ici qu'ils se rapprochaient davantage de nous.—J'ai pris dans les chroniques tout ce que j'ai pu y trouver de précis.—J'ai tiré des registres municipaux et de quelques pièces de diverse nature ce que le hasard des recherches m'y a fait rencontrer sur les premiers Bohémiens, en France et en Suisse; et j'étais bien aise de signaler cette source nouvelle: je ne doute pas, en effet, que les anciens registres de comptes ou de délibérations de beaucoup de villes, grandes et petites, ne contiennent des articles analogues à ceux que j'ai relevés, et qu'il ne serait pas sans utilité de recueillir.—Enfin, les actes législatifs et judiciaires pourraient nous révéler aussi les Bohémiens d'autant plus nombreux, que les mesures prises contre eux sont plus énergiques et plus répétées. Je n'ai pas voulu cependant aborder ces documents d'une nature toute spéciale. Examiner, au simple point de vue statistique, la masse des ordonnances, arrêts et règlements., dont les Bohémiens ont été l'objet, ce serait faire un travail assez compliqué et de peu d'intérêt, détourné qu'il serait de son sens naturel. Ce qui doit, en effet, attirer surtout l'attention dans les mesures que prirent les divers pouvoirs contre ces étranges nomades, ce sont ces mesures elles-mêmes. Je les étudierai ailleurs au point de vue social. Si j'ai nommé ici quelques pièces de ce genre, ce n'a donc été que d'une façon tout accidentelle.

Les faits divers que j'ai rassemblés dans cette dernière période, suffisent toutefois à prouver que, dans tout le nord et l'occident de l'Europe, comme en France, la dispersion et le véritable établissement des Bohémiens se firent d'une manière insaisissable, c'est-à-dire, sans doute, graduellement et lentement : c'est là tout ce que je tenais à démontrer. En somme, je crois que le fait ne peut passer pour généralement accompli que vers la fin du quinzième siècle et le commencement du seizième.

Au moment de terminer la tâche que nous nous sommes imposée, jetons un regard sur notre travail. Nous avions le désir de présenter le tableau complet de l'apparition des Bohémiens dans toute l'Europe : et, en réalité, qu'avons-nous fait? ce million d'êtres étranges qui, bien que la France s'en doute à peine, couvre et parcourt aujourd'hui presque tout le reste de l'Europe, où l'avons-nous trouvé? Ah! je sais mieux que personne combien ce tableau est incomplet, combien cette représentation du passé répond mal à la réalité vivante.

A qui la faute? la faute en est aux annalistes et à la nature du sujet.

La faute en est aux annalistes. Quelles que soient, en effet, les difficultés, les impossibilités même que je vais signaler, des observateurs, séduits par la nouveauté du sujet, auraient pu suivre, non pas à la vérité dans ses détails, mais avec plus ou moins de bonheur dans son ensemble, le fait complexe qui nous intéresse, à mesure qu'il se développait. Mais, justement à cause des procédés synthétiques que demandait un pareil travail, les anciens historiens y auraient été peu propres, quand même ils ne l'eussent pas trouvé indigne d'eux (1). La biographie du

---

(1) Munster s'excuse d'avoir consacré deux pages (in-fol.) à de pareilles gens, et il ne l'aurait pas fait, dit-il, « si ce n'estoit qu'aucuns simples sont grandement esbahiz pourquoi ces garnemens affronteurs trottent ainsi par le monde. »

plus petit prince les intéressait bien davantage. D'ailleurs ,—il faut être juste,—les événements graves et compliqués du quinzième siècle leur laissaient peu de loisirs.

Mais, hâtons-nous de le dire, notre principal empêchement était dans la nature même du sujet. Pour tracer le tableau complet de l'apparition et de l'établssement des Bohémiens, qu'aurait-il fallu, en effet? Il aurait fallu connaître toutes les bandes qui ont passé de l'Asie, et peut-être de l'Afrique, dans l'orient de l'Europe, de l'orient dans l'occident, pendant un espace de temps inconnu ; voir chacune à son point de départ, et visiter avec elle tous les lieux qu'elle a parcourus ; les voir toutes dans leur ensemble se croiser, se séparer, se rejoindre, jusqu'au moment où cette écume prit son niveau dans le monde européen, —niveau d'ailleurs toujours changeant, dont, pour mon compte, je ne me lasserais point de regarder les fluctuations passées et présentes, s'il m'était donné de suivre, au milieu de la mer de populations déjà si diverses qui couvre l'Europe, ces flots étrangers et souvent impurs qui s'y mêlent, sans jamais s'y confondre.

Ce dont je ne me lasserais point, le lecteur pourrait bien s'er lasser, et moi-même je m'y perdrais. Consolons-nous donc de l'impossibilité du spectacle. Non-seulement ce spectacle, fait pour éblouir plutôt que pour éclairer (1), n'a pas eu, pendant l'époque dont nous nous occupons, de témoin qui subsiste ; mais je prétends que, si bien placé et si attentif qu'il eût été, nul contemporain n'aurait vu, même à la surface, tout ce qui se passait. En réalité, ce qui fut et ce qui fut visible n'est pas du tout la même chose.

Pour justifier cette proposition, je me contenterai de deux exemples.

La France, que les Bohémiens ont presque abandonnée aujourd'hui, ne fut jamais pour eux un lieu de prédilection ; ils y furent toujours comparativement assez peu nombreux. Ce n'es donc pas à la France que je m'arrêterai ; mais je prendrai les deux pays qui l'avoisinent au midi et au nord, l'Espagne et l'Angleterre.

(1) Il me serait facile de développer cette phrase incidente, et de montrer que la vue même de toutes les bandes bohémiennes qui sillonnèrent alors l'Europe ne pourrait pas se convertir en récit, à moins qu'on ne pénétrât en même temps bien des mystères impénétrables et autrement fondamentaux que celui dont je vais parler. Mais cela nous conduirait trop loin.

En Espagne, nous avons vu paraître quelques centaines de Gitanos. Cent ans après, plus ou moins, on les compte, et l'on en trouve trente ou quarante mille ! Or, l'Espagne est acculée dans sa presqu'île. Par où donc a passé cette foule ? par la France apparemment ; et d'ordinaire quarante mille hommes ne traversent pas un pays comme la France sans que personne les voie. Bien plus, de France en Espagne il n'y a, pour ainsi dire, que deux chemins ; et j'ajouterai que les Bohémiens n'ont guère fréquenté le milieu de la chaîne des Pyrénées. Donc la route de Perpignan ou celle de Bayonne dut être pendant quelque temps couverte d'une légion de Gitanos. Erreur : personne n'a rien vu de pareil.

Et l'Angleterre ! ce n'est plus une presqu'île ; il a fallu traverser la mer pour y arriver ; et je vous demande de quels vaisseaux des Bohémiens peuvent disposer ? Quels qu'aient été leurs moyens de transport, ils semblent être de telle nature que ces aventureux passagers n'aient pu échapper aux regards. Personne encore ne les a vus.—Les Bohémiens pourtant ont été et sont encore nombreux dans les îles Britanniques.

Certes, devant de tels faits, l'étonnement est permis.

Si l'on considère les Bohémiens de près, il semble que le fait même de leur existence ait deux faces comme leurs mœurs et leurs actions, et soit susceptible de se diviser comme elles en deux parts, l'une occulte, l'autre patente. Ce qu'on ne peut nier, c'est qu'à chaque instant un mystère étrange les enveloppe et les dérobe.

Aussi bien, voici ce qu'on lisait récemment dans un journal espagnol : « Une nuée de Gitanos des deux sexes s'est abat-
« tue pendant trois semaines sur la plupart des villages d'une
« de nos contrées de la Manche. Ces gens faisaient une vente
« continuelle de mulets et de chevaux qu'ils avaient en abondance
« avec eux ; et ce qu'il y a de fort singulier, c'est que personne
« dans nos alentours ne se plaignait d'avoir été volé. Où les ont-
« ils achetés ? Personne ne l'a su. Ce qu'il y a encore de plus
« étrange, c'est que cette horde est tombée dans le pays sans
« qu'on ait su par où elle était entrée, et qu'elle a disparu de
« même (1). »

(1) Article du *Correo Nacional*, reproduit par le *Mémorial des Pyrénées* (journal de Pau), numéro du 8 mai 1841.

En voyant les Bohémiens défier ainsi les regards au dix-neu-
vième siècle, et dans un pays voisin de la France, on se sentira
peut-être plus indulgent à l'égard de ceux qui veulent écrire
leur histoire.

Paris. — Imprimerie de Firmin Didot frères, rue Jacob, 56.